GOOD READERS

善读者

孩子阅读力重塑手册

丘河◎著

中国妇女出版社

图书在版编目（CIP）数据

善读者 ：孩子阅读力重塑手册 / 丘河著. -- 北京 ：
中国妇女出版社，2024. 9. -- ISBN 978-7-5127-2396-2
Ⅰ. G634.333
中国国家版本馆CIP数据核字第20246QZ681号

责任编辑：肖玲玲
封面设计：尚世视觉
插画绘制：朱雀为夏
责任印制：李志国

出版发行：中国妇女出版社
地　　址：北京市东城区史家胡同甲24号　　邮政编码：100010
电　　话：（010）65133160（发行部）　　65133161（邮购）
网　　址：www.womenbooks.cn
邮　　箱：zgfncbs@womenbooks.cn
法律顾问：北京市道可特律师事务所
经　　销：各地新华书店
印　　刷：小森印刷（北京）有限公司

开　　本：165mm×235mm　1/16
印　　张：17
字　　数：260千字
版　　次：2024年9月第1版　　2024年9月第1次印刷
定　　价：59.80元

如有印装错误，请与发行部联系

序言
PREFACE

让每一个孩子成为善读者

作为两个孩子的父亲，我能感受到，面对孩子的阅读，你的期望与失落。

然而，这本书并不能帮你消磨时间。相反，它可能还需要你戒除浮躁，开启一场“烧脑”的孤独之旅。因为我不想骗你，说“成为善读者，是件轻而易举的事”。

作家马塞尔·普鲁斯特说：“阅读是一个在全然的孤独之中，仍令人心满意足的沟通奇迹。”此刻，请打点好阅读行囊，准备与世界各地的教育家、语言学家、心理学家、哲学家、作家及阅读专家等展开对话。我坚信，它能够助你成为懂阅读的父母，成为孩子最得力的阅读导师。

盖瑞森·凯勒说：“教会孩子们如何阅读，是这个社会应尽的责任。”我们的孩子不能只是“会做阅读理解的读者”，也不能只做

“低层次的阅读者”，而应成为真正的自主阅读者和高效阅读者。对父母而言，只有懂阅读，才能有效指导阅读。因此，我们不能止于知道，还要真正懂得，清楚“中小学各学段阅读力”“中小学阅读的层次”“中小学阅读方法的学段目标”“中小学阅读策略的学段目标”“阅读理解的核心知识体系”“个人核心知识体系的建构流程”等。

像你一样，我也曾希望，学校能够教会孩子阅读，让孩子自主、高效地阅读。但作为教师，我很清楚，让孩子成为一位善读者，不能只依赖学校和教师，需要家长的积极参与，也需要课外阅读主场的加持。

我也深知，如果家长采取放养式阅读，孩子就会迷失方向；如果缺乏阅读指导，孩子很难成为高效阅读者；如果孩子接受不专业、错误的指导，阅读就会误入歧途。

为此，我用十年时间致力研究阅读理解提分提能，努力让阅读理解能力差的孩子能做、会做阅读理解题；研究自主阅读提质增效，努力让不愿阅读的孩子想读、要读，让想阅读的孩子会读、善读。

希望它会助你让孩子成为自主阅读者。你肯定不希望孩子被哄着、催着、逼着去阅读。那么，孩子为何不想读、不愿读、不主动读呢？可能是孩子缺乏背景知识，以致阅读理解有障碍；也可能是孩子缺乏阅读认识、阅读自信、阅读兴趣和阅读自由，以致无法自觉、主动、独立阅读；还可能是孩子的阅读策略方法、阅读能力不足，以致阅读不能自能、自治。更重要的是，正确的认知会引领你，有针对性地培养孩子的自主阅读力。

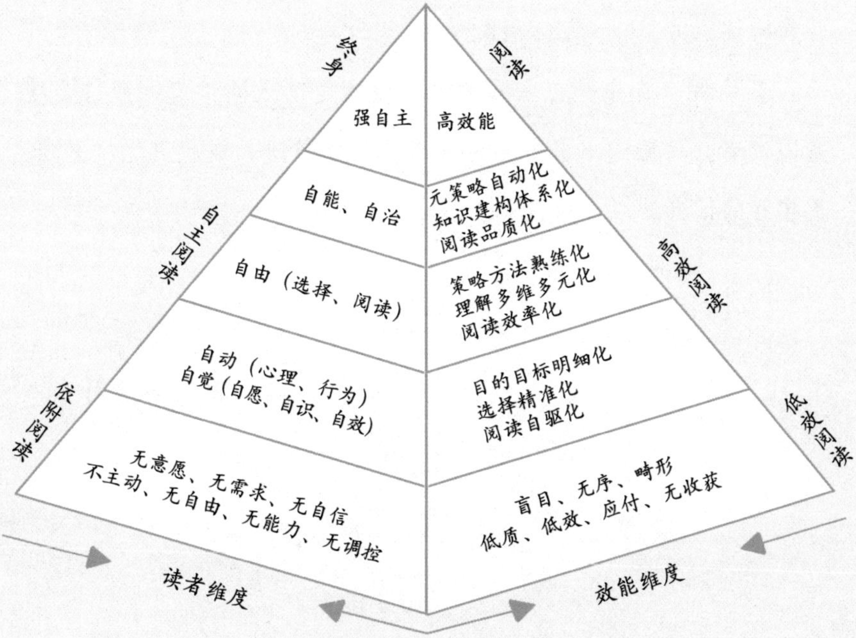

中小学阅读教育的三维模型

期待它会助你，让孩子成为高效阅读者。你肯定不希望孩子只是“自称在读”“假装在读”“为读而读”，更不希望孩子“盲目地读”“痛苦地读”“一知半解地读”。它会助你指导孩子，确立明确而具体的目标、选择与搭配读物、建构核心知识体系、学习阅读策略方法、培养与塑造阅读能力。

祈盼它会助你，让孩子成为终身阅读者。你肯定不希望孩子的阅读是“一时兴起”“三天打鱼，两天晒网”，更不希望孩子的阅读只是为“完成任务”“应付考试”。我相信，你一定是一位阅读的长期主义者，也一定希望孩子如此。所以，它会引领着你去激发孩子自驱性内在需求、培养持久阅读兴趣、养成良好阅读习惯、打造强大阅读能力。

善读者，首先是自主阅读者，根本是高效阅读者，最终是终身阅读者。希望这本书能陪你和孩子一起精进，成就更优、更强、更睿智的读者。

2024 年 2 月

目录
CONTENTS

第三章　策略方法，成就高效阅读者

第一章

阅读改变，从认知觉醒开始

第一节　阅读的“5 个底层逻辑”

人人都想成为善读者，都希望用最少的投入获取最大的价值。教师希望阅读教学教得轻松、有成效；家长希望孩子能够自主、高质、高效地读；孩子则希望不用“刷题”和海量阅读，就能提升阅读能力、拿到好的分数。这就需要了解高效阅读的逻辑、宗旨、实质和核心方法论。

一、阅读的根本是建立自我认知体系

认知升级远比知识积累重要。在不确定性因素持续增加的当下，唯一不变的是底层逻辑。阅读也有自己的底层逻辑，那就是阅读的本质、宗旨和基本规律。无论成人还是中小学生，只有看清阅读的本质，阅读才能更高效。

张女士是一位六年级男孩的妈妈，她反映："'双减'以来，孩子阅读的时间多了，但孩子读书一直很盲目，总是翻翻这、看看那，不知该读哪些书，该积累什么知识，又该培养哪些能力。我感觉他都看了，又好像什么都没记住，内容表达不清，思维也很乱。阅读训练没少做，但始终不是这里扣分，就是那里丢分。问怎么回事，他自己也说不清，不知问题出在哪儿，更不知该如何解决。"

以上现象是很多父母和孩子都会遇到的。显然，这并不是单一的问题，涉及阅读的方方面面：书籍选择、阅读计划、知识积累、阅读方法、语言表达、阅读理解、答题策略、监测调控，等等。由此可见，头痛医头、脚痛医脚解决不了问题，眉毛胡子一把抓也解决不了问题。解决问题的关键在于，家长要引导孩子培养整体、系统、底层的思维，通过现象探究本质，找出阅读问题的根，从根本上认识问题，从策略方法上解决问题。

对中小学生而言，自我认知体系就是阅读所需构建的核心知识、能力及动力体系，呈现的是中小学生认知体系的底层结构。

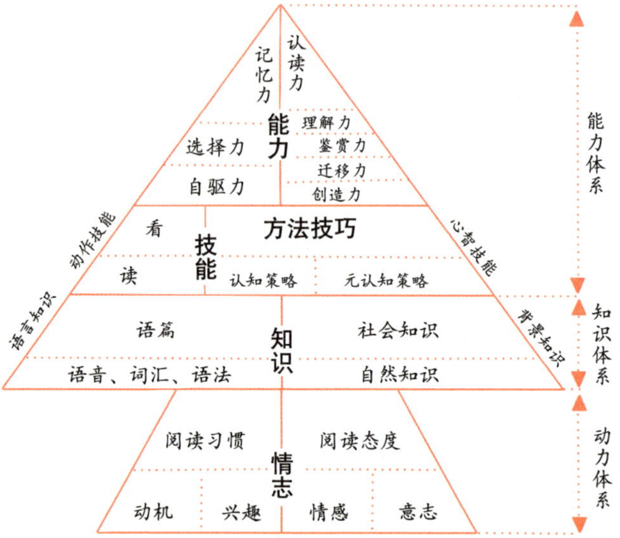

图 1　中小学生阅读认知体系

（注：分类是基于学习应用的需要，下同。此处“知识”为狭义概念，特指陈述性知识。广义的知识包括陈述性知识、程序性知识。策略性知识属于程序性知识的一种。）

从图 1 中可以发现，阅读认知体系中主要有知识、能力及动力 3 个系统。知识体系是基础，能力体系是关键，动力体系是辅助。阅读就是运用知识和技能，在情志推动下解决问题的过程。在这个过程中，知识需要积累与内化，技能需要学习与训练，情志需要激发与调动，如此才能保证阅读活动的顺利完成。而要实现高效阅读，还需熟练掌握和运用阅读的方法技巧、策略技能。对策略尤其是元认知策略的灵活运用，是中小学生阅读力达到高水平的标志。

家长、教师首先要让孩子认识到，从知识到技能再到能力，不仅是从知道到做到、再到做好的发展过程，也是从学到用、以用促学的知行过程，同时还是建立体系、刻意练习、不断迭代的认知过程。其次，还需让孩子明白，无论是从认读力、理解力到鉴赏力、迁移力、创造力，还是从认知策略到元认知策略，都是有梯度和层次的。因此，对技能的学习训练、能力的掌握提升是循序渐进的，需要遵循和运用其规律。

作为家长，我们的任务就是帮助孩子认识以上体系中的要素及关系，同时指导孩子逐渐建构起适合孩子自己的阅读认知体系。

二、阅读是价值呈指数增长的长线投资

整体来说，阅读是一种长线投资。前期阅读，以知识积累、策略方法学习为主，处于量变阶段。随着知识联结的紧密、融合的加剧，就会生成新知识，实现认知迭代。所以，凡善读者也一定是深谙认知迭代的长期主义者。另外，阅读的价值呈指数增长而非线性增长，恰是因为阅读知识不只是简单的叠加，还在于新关系、新知识的不断生成，而这种可能性会随着阅读和思考的持续深入越来越高。由此可见，阅读是一种可为个体长期赋能、可产生复利的高回报性投资。

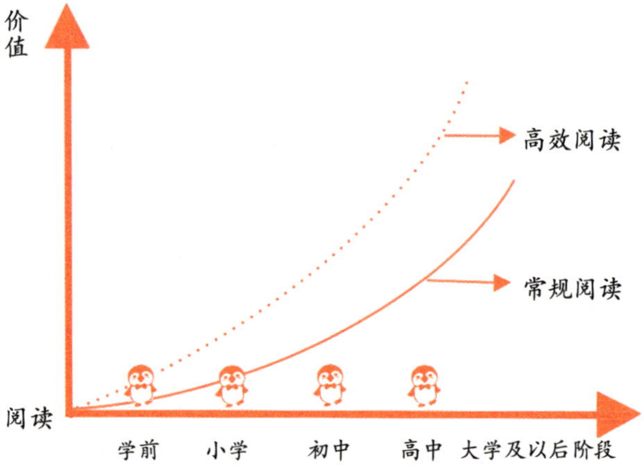

图 2　阅读投资的价值指数增长

阅读有价值，但也有成本，如图书价格、选书时间、阅读时间、误读损失等机会成本。虽然通过阅读我们获得了愉悦、知识、能力，解决了问题、得到了成长，但同时也因为选书、买书、读书支出了金钱和时间等。以上支出必然使我们失去做其他事可能获得的价值。尤其是如果存在误选、误读等行为，由阅读造成的机会成本就会变得更大。

在班里，我曾不止一次地强调阅读的重要性；在与家长的沟通中，阅读的重要性也一再被家长确认。然而，在现实中，无论是思想上还是行动上，依然有很多家长和学生并不真正重视和落实阅读。究其原因，无非是“作业太多”“其他教师不让看”“买了书孩子也不读”等。“阅读耽误学习”

成为最现实的理由。其实，不是看书没用，而是阅读没有让我们获得立竿见影的效果。为了眼前的学习，阅读只能暂时靠边站，只能等有时间了再说。

可以说，以上现象是非常普遍的。不阅读、不能坚持阅读，除阅读耗时费劲外，价值实现才是家长、教师和学生考虑的根本。在学习的显性压力下，时间成本和阅读效果不该也不能被忽视。阅读就像一场旅行，风景不仅在终点，更在沿途。因此，追求阅读的短期回报和长期价值，才是中小学生最明智的阅读投资。

阅读见效慢、见效少，并不是注定不变的。当读者掌握阅读的底层规律，当家长发现属于孩子自己的个性化阅读生态位，当知识和能力较早地完成体系化建构，当迁移运用有效地降低阅读的边际成本，当动作或心智技能经过刻意练习实现自动化，当认知策略方法使阅读变得更有效，当元策略加速阅读的高频复盘、认知的高速迭代，阅读将真正成为一种边际成本逐渐变小、价值收益持续倍增的高回报投资。因此，家长、教师作为孩子阅读的支持者和指导者，应帮助孩子的阅读促成以上改变，更快、更多地实现阅读价值。

三、阅读的宗旨是用而求学和学以致用

如果要问阅读的目的是什么，相信答案会有很多。

沃尔特·惠特曼（美国诗人）：阅读的目的在于自我提升。

阿尔贝托·曼谷埃尔（加拿大作家）：阅读是为理解或开始理解。

丹尼尔·T. 威林厄姆（美国心理学教授）：理解是阅读的目的。

赫尔曼·黑塞（德国作家）：阅读的最终目的是学以致用。

藤原和博（日本平民校长）：读书让我们预见未来，遇见最好的自己。

桦泽紫苑（日本神经科医生）：自我成长与行为改变是读书的最终目的。

凯琳·比尔斯（美国教育家）：阅读的最终目标是实现个人的突破，使自己变得更优秀。

珍妮·查尔（美国阅读心理学家）：读书本身就是阅读目的，是意义之所在。

以上回答，可以说都是阅读的目的。但阅读的宗旨，还是用“用而求学”和“学以致用”来概括最为合适。以“用”为宗，一方面因为阅读收获是支持孩子阅读的最大因素，而实践是倒逼阅读的根本途径，是阅读的最终归宿；另一方面，其符合学习阅读和阅读学习两个阶段的基本规律。

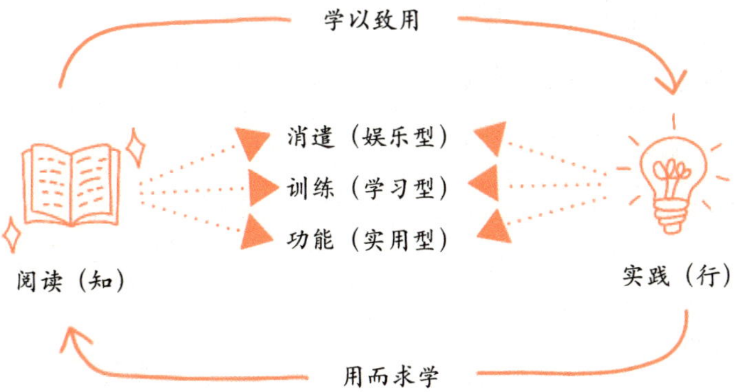

图 3　中小学阅读的主旨及关系

阅读是从学到用、知行合一的过程。阅读由目标性意识的“知”和手段性行为的“行”构成。知（广义的“知”包括知识和策略能力）是阅读行为的基础，行是知的最终目的。阅读的“知”到“行”是学以致用的过程，阅读的“行”到“知”是用而求学的过程。阅读就是读中求知、知而后行、行复求知的循环。

无论阅读还是实践，都立足于需求，立足于用。对于中小学生而言，主要包括以发现、提升阅读兴趣等娱乐为目的的消遣性阅读，以积累、理解、赏评及自我发展等学习为目的的训练性阅读，以提取整合信息、迁移运用等实用为目的的功能性阅读。以上三种阅读类型或目的，也是我们阅读与实践的依据。所以，你若阅读，要么读以致乐，要么读以致知，要么读以修为，要么读以致用。

你可能会经常听到这些抱怨：孩子买书总是翻翻这、挑挑那，不知自己想要什么；孩子看书总是走马观花，读完一问三不知；孩子读书不少，但总感觉没什么用；孩子生活中一遇到问题，就表现得手足无措……以上现象，多是由缺少阅读目的、读而不行、实践而不求知等造成的。因此，基于高效的阅读，不承认纯粹的非功利性阅读，不接受没有目的的阅读，也不允许没有阅读宗旨的阅读。

四、高效阅读的实质是提质增效

随着社会不确定因素的增加，人们的焦虑感越来越强、内在压力越来越大。传统的慢读、深读、品读，已很难满足当下个人发展的需求。注重效率和效果的高效阅读，成为实现自我成长和优势竞争的刚需。由此，越来越多基于实用和高效的阅读书籍被引进和出版。

高效阅读对中小学生来说也一样重要。只不过相对于成年人对高效阅读的学习，中小学生可借鉴参考的书籍更少。“双减”背景之下，中小学生对高效阅读的需求并不比成年人差，甚至远胜于成年人。中高考阅读量的增加，阅读难度的增大，都迫切需要中小学生进行高效阅读，以增加阅读量、提高阅读质量和能力、加速构建认知体系，进而提升应对课业、考试和竞争的能力。

中小学生普遍存在的阅读动力不足、阅读习惯差、阅读时间少、阅读策略欠缺、阅读效率低下、阅读能力较弱、阅读成绩不理想等，都反映出阅读的无序和混乱。这正如图 4 所示，相对于高效阅读者知识、策略方法、技能、能力的层次体系化，低效阅读者的信息、知识、方法、技能等无结构、无体系，呈现杂乱、混沌、无序的状态。以上问题，很难通过有限的阅读教学、大量的刷题训练解决。而建立知识、能力体系，让碎片化的知识、能力不再成为孤岛，则可增强阅读系统的确定性，开启孩子的高效阅读模式。

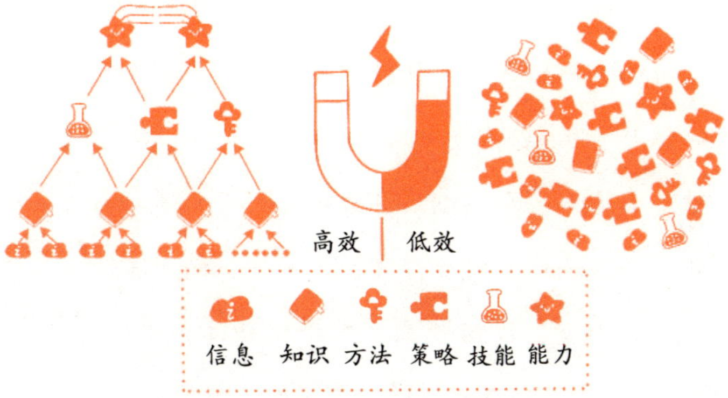

图 4　高效阅读与低效阅读的结构状态

五、高效阅读的核心方法论是“阅读三化”

高效阅读不仅体现在时间效率上，还体现在策略方法的有效性上，体现在阅读效果的大小上。所以，高效阅读是基于效率和效果的阅读，又称高效能阅读，其核心方法论是读选目的化、技能自动化和过程策略化。

在语文教学过程中，我曾对七年级学生阅读效能进行过调查。结果发现，为提高阅读效能，学生普遍采用的方法是勾画、标注、摘抄，有个别学生偶尔会写读后感。对于阅读目的，多数学生表示不明确、不具体，甚至没有考虑过可操作性及预期价值。对于选书，主要参考课本规定的必读书目，同学间传阅的流行读物及教师推荐的教辅读物，较少依据阅读目的、阅读计划、读物指标选书，能顾及主题配伍、专博结合、学用搭配的更是极少。

对于阅读方法和策略，多数学生表示知道略读、精读、默读等方法，及信息提取、概括、推理、提问等认知策略，但多未进行自觉、灵活使用；对于阅读过程中的计划、监测、反馈、调整等元策略，很少有学生会使用。

以上调查也间接回应了我的疑惑：为何长期以来学生的阅读始终低效？其实，不仅是学生自己，就连家长、教师也多认为，阅读是一件耗时费劲、见效慢的事。由此，他们不把大量阅读作为提分提能的优先选项。这也就出现了特级教师张晨晖所说的现象：“阅读的现状是，说起来重要，做起来次要，忙起来不要。”学生阅读效率低，归根结底还在于其缺少阅读策略方法。对于高效阅读来说，方法有很多，且涉及阅读的方方面面，但其核心方法论有三个，简称“阅读三化”。

图 5　高效阅读核心方法论

阅读方法论是阅读方法的抽象和集合，是阅读思维活动遵循的基本规律，是人们对阅读方法的认知。它作为体系化的理论，指导着具体阅读方法、手段、方式的实施。知方法者最多能熟用方法，而懂方法论者，可用更高层次的阅读策略，实现方法的优化组合与灵活运用。

“读选目的化”即读书和选书要有明确而具体的目的。比如，读书的目的是娱乐、学习还是实用；选书要依据阅读目的、参考图书指标、遵循阅读规律、符合阅读计划等。

“技能自动化”指的是阅读中涉及的朗读、默读等动作性技能，以及提问、图像化、联结等心智性技能，尽可能程序化，以便通过具体的步骤、流程，以及刻意练习实现技能的娴熟乃至自动化。其原理就是，通过部分技能的自动化，降低阅读精力耗散，提高整体阅读效率。

“过程策略化”是指读者在阅读过程中，运用认知和元认知策略指导阅读活动任务的完成，提高阅读活动的效能。即读者在阅读中，不仅要知道做什么，还要知道什么时间做、为什么做、如何做才能更高效。很明显，“过程策略化”方法论的本质就是为实现阅读的高效。它也是中小学生善读的标志，是决定一个人阅读力和学习力的关键。

关于如何确立阅读目的、精选图书，如何实现阅读技能的学习、训练和自动化，如何运用策略保证阅读完成，进而提高阅读效能，后面章节将会作详细讲解。

第二节　阅读认知的“7 大误区”

正确的阅读认知是有效阅读的前提。但现实是不少家长、孩子对阅读还存在诸多认知误区。例如，对经典、必读书籍的迷信，对海量阅读的追求，对速读、慢读的偏执，对阅读理解“刷题”的执着，对阅读与实践的误解等。这些错误的认知严重制约着孩子们的阅读行为。

误区一，读万卷书，不如行万里路

明代书画家董其昌曾提出“读万卷书，行万里路”。现多比喻要努力读书、充实知识，同时结合实际，学以致用。本来，读书和实践两者都很重要。不知何时，“读万卷书，不如行万里路”异常流行起来。甚至不少人还搬出陆游的诗“纸上得来终觉浅，绝知此事要躬行”来加以佐证。那么，对于中小学生来说，究竟是读万卷书重要，还是行万里路重要呢?

济南的姚女士是两个孩子的母亲，儿子读七年级，女儿读五年级。在一次作文学习探讨中，她反映，因自己喜欢旅游，但凡有时间就会带孩子到全国各地逛逛。

然而，令她苦恼的是，两个孩子连一篇像样的游记作文都写不出来。每次的作文都像记流水账，没有实质性内容，更不用说有什么独特感悟了。当聊到旅游体验时，她忽然意识到孩子和自己存在同样的问题：过于注重游的行为，而忽略了游的质量。我告诉她，这不只是作文的问题，更是阅读的问题。没有万卷书支撑的万里路，注定是一场缺乏品质的旅行。

家长如果有时间、精力和经济条件，带孩子多出去走走当然是好事。但对于大多数中小学生来说，并不是每个人都有这样的条件和机会。《朗读手册》的作者吉姆·崔利斯认为，自我提升的最简单办法就是阅读。尤其是家境不好的学生，读书是积累背景知识的最好方法。所以，相对于行万里路，读万卷书获取知识更便捷、更廉价、门槛更低、更具普适性。

由于中小学生学习任务重，在短期内获取更多知识和经验就成为高效学习的关键。研究显示，一个人 90% 以上的学习力需要通过阅读力来提升，80% 的知识需要通过阅读来获得。温儒敏教授也曾强调，“中国人读书最好的时间是小学”，“在小学阶段，读书是获取精神和智力成长的主要营养源”。由此可见，阅读是中小学生最有效的知识获取方式。

阅读是一种人生体验，也是一场生命修行。中小学生尽管没有也不可能在短时间亲身经历丰富的人生，但每读一本书，就是在体验一种人生；每读一本书，就是在与一位智者对话。其实，阅读不仅能让我们在书中看到自己，更可以看到形形色色的他人。从这个意义上说，中小学生阅读也是另一种更有意义的万里之行。

误区二，多读多悟，自然就会阅读

如果要问，怎样才能学会阅读呢？恐怕听得最多的就是，多读多悟，自然就会读了。但现实是，对孩子读书少、不会读，教师、家长们依然抱怨不止。问题究竟出在哪里呢？

杨老师和王老师分别在天津、河南的公办学校教小学、初中语文。在谈到学生阅读时，杨老师坦诚地说："现在的父母确实比较重视阅读，除教师推荐的阅读书目外，还会给孩子买些课外书。但问题是由于家庭作业较多、阅读习惯欠缺，很多孩子的实际阅读量并不大。即使阅读量大的孩子，阅读效果也整体比较差。"

王老师更是直言："初中生虽有一定的阅读方法，但阅读兴趣、阅读量都不尽如人意，不少学生甚至连课本上的必读、推荐书目都难以完成，不得不靠名著导读、名著试题来应付。”

对于学生会不会阅读，两位老师都认为，真正会阅读、善阅读的很少。同时，她们都承认，教师对阅读策略方法的确教得比较少，学生基本靠自我摸索。

以上现象较为普遍，也一直是困扰教师和家长的难题。家长希望孩子多阅读，但孩子既缺乏兴趣又无大量时间，既不知读什么又不懂怎么读。如此一来，读而被动、读而盲目、读而乏量、读而低效，就成为大部分孩子阅读的常态。

那么，通过多读多悟，中小学生真的就会阅读了吗？如果不考虑现实因素，读得多相应就会悟得多，也可能会在阅读中摸索出一些方法。但对当下的中小学生来说，如果只靠多读多悟，难免会出现以下问题：一是阅读的时间和精力无法保障；二是阅读的动力和行为难以持续；三是阅读的质量和效率无法保障。即有限的时间，多读难以保障；盲目地多读，质量难以保障；低效地阅读，动力难以保障；被动地阅读，行动难以保障。所以，以多读多悟来实现会读，不仅低效，而且有很大风险。更何况，阅读策略方法的获得、阅读能力的提升，向来就不是阅读量简单积累的结果。

虽然多读是必要的，但如果缺少阅读策略方法及其指导，多读就是正确的废话、华而不实的空话。所以，鼓励多读是忠告，只会说多读是忽悠。“先有读书多，才有会读书”是错误的，“只有读书多，才能会读书”也是错误的。希望孩子会阅读，教师、家长不能只停留在“多读”层面，更要为其提供读什么、如何读的有效指导，让孩子阅读有目的、有方法，读有所获、读有所乐、读有所用，真正实现想读、会读，进而提升阅读能力、养成良好阅读习惯。

误区三，多阅读，阅读理解就不会差

很多人信奉一种观点：如果一个学生阅读面广，考试也不会差到哪里去。多阅读，阅读理解就一定不会差吗？

在日常语文教学中，很多教师都会有这样的发现：每个班都会有一些“地下型读者”，他们阅读兴趣高，阅读率性随心，阅读量较大，有一定阅读能力，不屑阅读“刷题”，阅读理解考试并不理想；还有一些应试的“休眠型读者”，其虽然自主阅读量少，但具有明确的应试目标、熟练的阅读理解技巧、大量的阅读“刷题”，阅读理解成绩并不差；另有大部分两难的“发展型读者”，其阅读动力较低，阅读量较少，阅读能力一般，阅读理解技巧缺乏，不善阅读“刷题”，阅读理解成绩提分困难。很显然，无论是纠结还是无奈，多数教师和家长最终还是选择第二种类型。但结果是，大部分孩子却成了第三种类型。

以上现象不仅是家长、孩子的困惑，也是教师阅读教学的无奈。这一方面是应性阅读和应试阅读的矛盾，另一方面是教师阅读教学能力与学生阅读学习需求的矛盾。如果不能有效兼顾应性阅读与应试阅读，如果教师阅读教学能力无法满足学生阅读学习需求，这种问题就会一直存在。

在中小学阶段，阅读与阅读理解有着密切关系，但又有着明显区别。广义的阅读是读者带着阅读目的，利用阅读策略方法，通过阅读读物获得阅读成果的过程。中小学阶段的阅读，是以培养阅读习惯、能力、品质为目的的发展性阅读。该阶段的阅读理解，则是基于文学类、实用类的现代文和文言文、古诗词两类古诗文，对文章内容、语言、结构、写法和主题进行的感知、理解、赏评和运用等能力的检测。其中，不仅关乎阅读的知识、能力，还会涉及答题的策略技巧。

多阅读只代表阅读的量大，并不意味积累的知识一定多，也不说明阅读的质量高，更不代表阅读能力强。更何况阅读理解考查的文体、主题、题型等具有很强的针对性，阅读理解的命题、训练有很强的规律性，阅读理解作答有规范、有模式、有技巧。这些都会影响阅读理解的分数。由此可见，多阅读只是做好阅读理解的基础，是其众多因素之一，并不决定阅读理解成绩。

误区四，“刷题”能从根本上提升阅读能力

美国语言学家斯蒂芬·克拉生教授指出：“阅读能力不佳的学

生得做更多无济于事的练习。”那么，阅读能力的提升可以通过“刷题”来实现吗？

大连的魏先生反映，其读七年级的女儿连续两次语文考试成绩都不理想，尤其是阅读理解失分严重。魏先生称，女儿小学语文成绩一直很好，阅读理解也基本不扣分。进入初中后，阅读理解失分对她打击很大。为此，一向要强的女儿每天都做阅读训练到很晚，效果却不明显。

我对她两次考试中的阅读理解作答情况进行诊断后，给出三条建议：一是选一本以知识梳理、题型和技巧讲解为主的阅读教辅，逐步构建初中知识技能体系，掌握解题答题方法；二是选一本侧重题型或能力训练的阅读教辅，适度地针对性训练，并做好问题诊断和反馈；三是增加对记叙性散文、小说和说明性文本的阅读，以及对古诗文基础知识的积累。三个月后，魏先生称，女儿阅读理解成绩明显上升。

魏先生女儿的例子，可以说是非常典型的。客观地说，阅读“刷题”有效果，但不够明显。这主要有以下三个原因：一是多数学生属于被动“刷题”，“刷题”或因作业要求，或因考试需要，或因暂无好办法；二是多数学生存在盲目“刷题”，为做题而做题，缺乏明确目的、具体目标；三是“刷题”缺少策略方法，求量而不求质，勤奋而不高效。

阅读要不要“刷题”，因人而异。由于每个孩子原本具有的阅读知识和能力不同，其所“刷”试题及“刷题”效果也不尽相同。例如，有的孩子阅读知识贫乏、阅读能力较低，甚至很多文本都读不太懂，那么“刷题”对其效果就很差。换句话说，这类孩子暂时不适合“刷题”。再如，有的孩子知识丰富、阅读能力较强，对阅读题型和答题方法掌握得比较好，也没有必要“刷题”。

“刷题”只停留于做题，是最大的失误。做出一道题，做对一道题，都不是“刷题”的目的。我们为何要“刷题”？一是检测评价，通过阅读“刷题”检测阅读理解学情，进行自我评价，进而调整完善。二是强化智能，通过“刷题”一次次强化语言知识、背景知识、阅读能力和应试能力。三是探究规律，通过“刷题”发现命题规律、解题规律。四是提升效率，通过阅读认知和元认知，确定明确目的和具体目标，灵活运用阅读策略方法，让阅读理解更高效。因此，高效的“刷题”不仅在做，还在看、在思考、在选择、在探究。

然而，阅读“刷题”只是一种短期应对考试的方法，对真正的阅读能力提升效果很有限。

准确地说，高效“刷题”更像是刻意练习的一种低配形式。因为它基于过去和当下，是对原有智能的测评与强化，对当下规律的探究与发现，对目前行为的调整与提效。刻意练习则不同，除了与高效“刷题”一样，具有目标性、主动性、针对性、反馈性的特征，还是一种具有挑战性和构建性的高效训练行为。从技能的形成与提升来看，阅读“刷题”基本没有这样的功能。例如，从理解到鉴赏，是存在层次和梯度的，是需要突破舒适区，实现能力跃升的。阅读“刷题”只能强化已有的理解能力，而不能培养和提升还未具备的鉴赏能力。这也正如王晓平教授所言:“应试技能和大量练习不是培养阅读能力的有效途径。”

随着阅读在语文学科中重要性的提升，不少家长开始提前让孩子阅读“刷题”。一些教师甚至鼓励一二年级的孩子进行“刷题”。其实，阅读能力作为有序的结构体系，形成的核心要素是知识和技能，提升的关键在于知识的迭代和知识的技能化转变。知识的技能化转变，或者说能力的形成和提升，在于课内阅读跟学、课外阅读自学，在于真实阅读情境下的刻意练习，而不在阅读“刷题”，更不在提前“刷题”。有目的的阅读不仅是知识获取和迭代的最好途径，也是阅读理解成绩提升的根本。

误区五，经典、必读的书才是好书

从阅读开始那刻起，家长、教师就告诉孩子们，要读书就要读好书。那么，究竟什么样的书才算好书呢？那些权威媒体、机构社团、名社名校、专家名师、电商平台发布推出的年度好书、必读书单、经典读本、基础书单、好书榜、畅销榜等中的图书算好书吗？

家住杭州的董女士是两个孩子的母亲，也是一位非常重视阅读的小学教师。3 年来，她不止一次与我探讨孩子的阅读问题，先后向我要过 4 个阅读书单。她曾描述过孩子的卧室：除了床，就是书。她是我认识的家长中对书的质量最较真的一个。她坚信哲学家笛卡尔的名言：“阅读好书，就像跟过去最优秀的人对话一样。”

为选经典，她经常是几个书单反复对比，选出重复率最高的书；为定版本，常会翻看几乎所有读者的评论；为优中选优，常会就几本同主题的书反复征求我的意见。我由衷地佩服她对好书的严苛要求，但也对她那种过度的纠结感到焦虑。

或许你也有和董女士相似的经历，面对市场上千万种图书和眼花缭乱的书单，不知何为经典、何为好书。关于经典，意大利文学家卡尔维诺说：“一部经典作品是一本每次重读都好像初读那样带来发现的书。”尽管对经典没有统一的定义，但我们不妨这样认为，经典是古今中外，在各领域中具有典范性、权威性、影响力的作品。经典的书是优秀的、高价值的，同时也是原创性的、开放的。

好书不一定经典，但一定是适合自己的。俄国文学评论家别林斯基说：“阅读一本不适合自己阅读的书，比不阅读还要坏。”那么，什么样的书才是适合自己的呢？适合自己的书，首先要适配自己的阅读能力；其次要切合自己的阅读需求。

必读书对读者是一种误导。尽管你会看到各种打着“必读”旗号的书单，但实际上并不存在哪本书是人生必读的，除了那些被特殊限定的必考、必学之书。英国作家奥斯卡·王尔德说：“严格划分何种书该读，何种书不该读，是荒谬绝伦的。”每本书都有自己的价值，它的宿命就是找到适合的读者。一本书对你可能有用，但对别人或许就是废纸。所以，不要迷信哪本书一定是该给孩子读的或是绝不能错过的。

如果非要回答什么才是好书，这里借用美国作家理查德·麦肯纳的话来诠释：“任何一本书，只要能帮助孩子养成阅读习惯，并使阅读成为一种深入持久的需求，对孩子来说就是有益的。”

误区六，书是看不完的，什么时候读都不晚

对很多人来说，书可读可不读，可早读也可晚读，并不会产生什么实质影响。但对中小学生及其阅读能力发展而言，阅读有关键之时，一旦错过将会付出代价。

在亲戚家孩子上一年级时，我告诉这位亲戚，给孩子买些书，培养一下阅读兴趣。他笑笑，说孩子不爱看书。二年级时，我跟他说注意孩子的阅读习惯。他依旧笑笑，说作业

太多没时间看书。三年级时，我提醒他，可以培养一下孩子的理解力。他笑笑，说孩子的阅读题基本不丢分。

孩子六年级时，他突然跑来找我，说孩子阅读短文读不懂，丢分严重。我问他，孩子这几年读过多少书。他坦言，孩子一二年级还偶尔看看书，从三年级开始，放学后除写作业，就是上兴趣班，没怎么看过书。我给他选了两套教辅，说让孩子重点背背阅读理解知识，记下答题模式和思路，同时强调，让孩子从现在开始适量阅读。他笑着问，还有别的快速提分方法吗？我笑笑，说提分的机会是有，但速效的方法没有。他追问，那得多长时间？我说，急不来。

以上案例表面上是提分问题，实则是孩子知识积累和阅读能力发展问题。买套教辅书背背、记记，考试时照着模板套一套，确实可以积累些知识，了解些应试套路，最终也能提点分，但并不能从根本上解决问题，因为孩子的阅读能力没有形成和提升。尽管美国语言学家卡伦·坦珂斯莉在《教会学生阅读：策略篇》一书中表示："阅读能力的发展并不止于某个年龄阶段。所有读者都在阅读过程中，不断重复地运用各个层次的阅读技能。"但她同时也强调："阅读力并非一次性整体形成，而是线性发展的过程，即从低到高一层层建立起来的。"某阶段阅读能力的缺失，的确可通过后期学习补上来。但阅读力的形成和提升有自己的规律，不仅存在层次和梯度，还存在一些重要阶段和关键节点。

这里借鉴国外阅读理论实践成果，结合国内阅读教学发展，规划了中小学生各学段阅读力，如图 6 所示，以供参考。

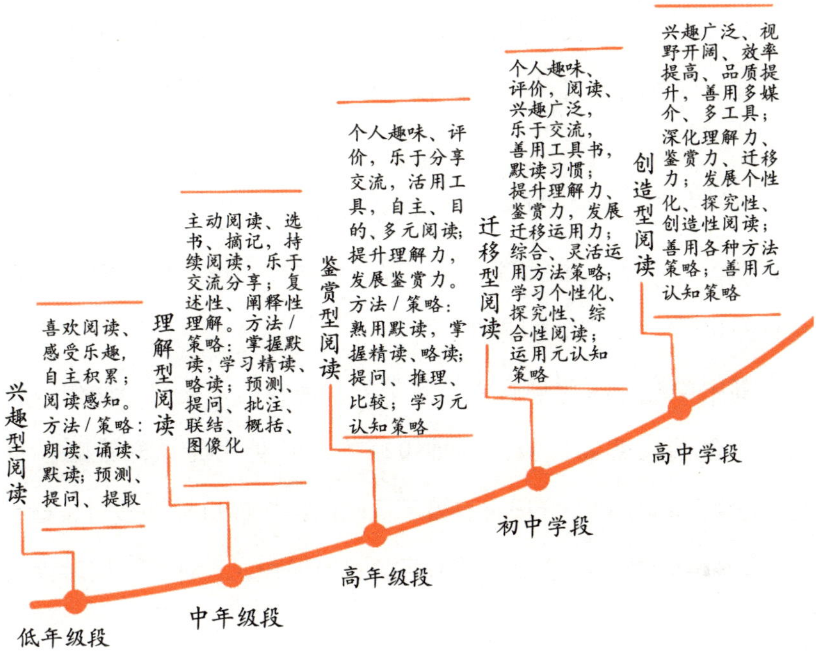

图 6　中小学生各学段阅读力

（注：图中所标阅读类型，是指该学段以此为主或开始侧重发展，并非只有此类型阅读及其相关能力、策略方法。）

研究表明，7 ～ 14 岁是一个人阅读发展的黄金阶段。其中，小学是读书积累的最好时间，也是培养阅读兴趣、阅读习惯、学会阅读的关键期。日本平民校长藤原和博就曾指出，小学可以培养 90% 的信息处理能力。如果一个孩子错过小学阶段的阅读积累，基于知识的阅读能力就会成为无源之水、无本之木。

小学低年级段，一年级以阅读兴趣培养为主；二年级注重阅读习惯养成，同时开始学习阅读方法。在中年级段，三年级开始培养以理解力为主的阅读能力；四年级强化理解力，同时开始发展鉴赏力，并着重阅读策略方法学习。在高年级段，提升理解力的同时注重发展鉴赏力；继续学习阅读策略方法，同时开始元认知策略学习。

初中学段，提升理解力、鉴赏力，同时注重发展迁移运用能力；综合、灵活运用策略方法，学习个性化、探究性、综合性阅读；强化元认知策略学习和应用。

高中学段，深化理解力、鉴赏力、迁移力，发展个性化、探究性、创造性阅读；善用各种策略方法；善用元认知策略。可见，学生不同年龄、学段，有着不同的阅读培养目标。书的确看不完，但对中小学生而言，阅读有目的、有阶段，读什么、何时读很重要。

误区七，书读得越快（慢）或越多越好

有的家长为孩子读书太慢发愁，觉得读书拖拖拉拉、效率不高；有的家长为孩子读书太快苦恼，担心阅读走马观花、学不到东西；还有的家长信奉“多字经”，认为孩子读得越多越好。孩子阅读，究竟是快好，还是慢好，抑或多好呢？

我在接孩子放学时，遇到几位家长在讨论孩子的阅读问题。A女士说，总感觉孩子读书精力不集中，每天半小时的读书时间，前后看不了几页。B女士说，我家孩子以前也这样，自从报了快速阅读班后，现在半小时就能读完一本书。C女士说，我没给孩子报过什么阅读班，不过三年来，孩子读的绘本、桥梁书等也有近2000本了。话音刚落，家长们便纷纷向她请教大量阅读的秘诀。

面对这样一个知识大爆炸、终身学习都学不过来的时代，越来越多的家长不再淡定了。传统的沉浸式慢读的焦虑，不仅在于无限书籍对有限时间产生的压迫感，更在于知识迭代的频率。对孩子而言，长期阅读太慢，不仅会影响阅读专注度，更会降低阅读效率。同时，还会像顾晓鸣教授所说：“长期进行慢读的读者，往往造成思维的某种迟钝性和凝重性。”

读得快、读得多、读得高效，短时间读完一本书，有限时间阅读大量书，就成为当下多数人的追求。这也让基于时效的快速阅读、超速阅读、全脑阅读有了更大空间。但静心细想，读得快就一定好吗，一定高效吗？过度追求阅读速度，势必会降低读者的记忆力和理解力。

王增奎教授认为：“最佳的阅读者不是快读者，也不是慢读者，而是根据读物的特点，能快能慢，能主动掌握阅读速度的人。”如果说，读得太慢、太快不好，那读得太多也不好吗？现实中，建议大量阅读、海量阅读的专家可谓比比皆是。但对中小学生来说，大量阅读固然重要，但更重要的是有选择性的精准、适量阅读。选择是因为阅读的时间和精力有限；精准是因为阅读要求质求效；适量是因为阅读要博专相济、融会贯通。

在图书内容同质化严重的当下，故事的雷同、情感的相似、观点的重复，都会很大程度上消解阅读的意义，降低阅读的价值。事实证明，当你经历过主题阅读，会异常坚信，阅读达到一定量时其价值的衰减。因此，优秀的阅读者不是快读者，也不是慢读者，更不是多读者，而是善于确定阅读目的、选择搭配读物，活用策略方法、有效调控阅读行为，当快则快、当慢则慢，多读不贪量，求质不钻牛角尖的人。

第三节　阅读力重塑的“8 个理念”

长期以来，业内对阅读力的认识并不统一。这也导致中小学的阅读教育、指导、学习比较混乱。培养孩子阅读力，树立阅读相关理念和思想是基础。因为理念决定往哪儿走，思想决定如何行动。本节将通过“功利性阅读是阅读的最终出路”“中学阅读问题的根在小学”“自主阅读力只能在课外主场获得”“父母应成为孩子最得力的阅读指导师”等 8 个理念，重塑人们对阅读力的认知。

一、阅读力决定孩子的学习力

阅读学专家聂震宁在著作《阅读力决定学习力：提高阅读力的 11 堂课》中认为：阅读力决定学习力。那么，究竟什么是阅读力呢？聂震宁认为，阅读力由阅读兴趣、阅读习惯、阅读能力三个要素构成。语文教研员陈海燕认为，阅读力是阅读者在阅读活动中所表现出来的阅读积累、阅读能力、阅读情意等方面的综合水平。

实际上，对阅读力的认识，国内外专家学者各有不同理解，但基本上可分为两类：一是认为阅读力是涵盖阅读知识、阅读能力、阅读动力的大概念，包括阅读能力；二是认为阅读力即阅读能力。目前，学术界更倾向于第一种认识。但对阅读力的含义及要素各有各的看法，且相对混乱。除对阅读力认识不统一外，对阅读能力的认识也是各说各话，划分标准不一，甚至有基于不同标准的能力划分。

努力决定下限，认知决定上限。有效的努力必须以科学、高维的认知为基础，选择和行动才能更高效。现结合国内外阅读理论及教学实践，制作出“中小学生阅读力框架”。

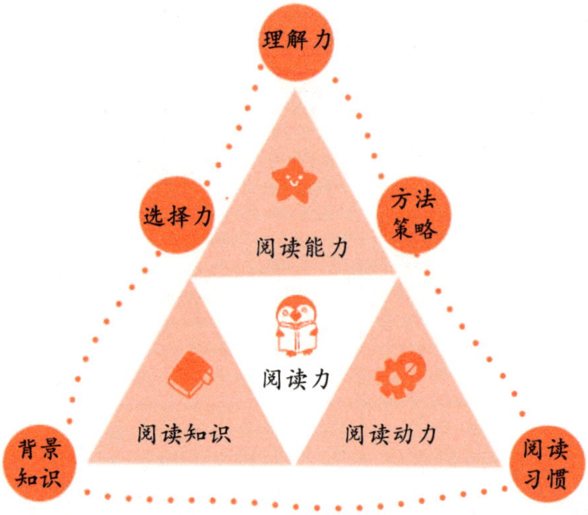

图 7　中小学生阅读力框架

由图 7 可见，阅读力包括阅读动力、阅读知识和阅读能力三部分。再结合图 1 中小学生阅读认知体系，阅读力具体包括以阅读动机、阅读兴趣、阅读习惯等为主的阅读动力；以语言知识、背景知识为内容的阅读知识；以阅读策略方法为主的阅读技能，以认读、理解、鉴赏、评价、迁移为内容的阅读理解（特殊）能力，以记忆力、选择力、自驱力为主的阅读一般能力。

尽管各专家学者对阅读力、阅读能力的理解不尽相同，但对其与学习力关系的认识，却是惊人相似。

阅读力是小学生学习能力的基础。

——（《小学生阅读力培养的实践性研究》，陈海燕 著）

阅读能力对孩子的学习成果起到决定性效果。阅读能力的高低决定了孩子是否具备提升学习成绩的可能性。

——（《培养孩子的阅读力》，任汝茂 著）

学习能力决定学习成绩，而阅读能力很大程度上决定学习能力，决定学习能力的下限和上限。

——（《如何阅读一本书》，［美］莫提默·J. 艾德勒　查尔斯·范多伦 著）

阅读能力决定学习能力。如果孩子的学习成绩出现下滑，首先应该检查阅读能力。

——（《小学阅读能力决定一生的成绩》，［韩］金明美 著）

学生在阅读方面花的时间越多，在校的学业表现就越良好。

——（《教会学生阅读：策略篇》，［美］卡伦·坦珂斯莉 著）

调查研究显示，学习成绩居年级 5% 的学生，其阅读能力一般要高于自身年级 1 年以上，80% 学习成绩不优的学生都表现出阅读能力不佳。由此可见，无论是阅读力还是阅读能力，其对学习能力、学习效果、学习成绩的影响是显而易见的。

阅读力决定学习力。其一，因为学生从四年级就开始通过阅读进行学习，而阅读可以获得 80% 的知识，阅读力可以提升 90% 以上的学习力；其二，因为阅读力是各科学习的基础和工具，直接影响各学科的学习效果；其三，因为作为阅读力、学习力核心的阅读能力和学习能力，其本质是相通的，都是结构化的知识技能。而现实中，很多孩子学习上的低效，基本源于阅读力的低下。由此，便不难理解苏霍姆林斯基那句名言："一个不阅读的孩子，就是学习上潜在的差生。"明白了这个道理，你更有理由相信，真正的善读者必将是善学者，阅读力强的孩子也必将是学习力强的孩子。

二、阅读是反内卷的最好武器

当下，教育内卷表象的背后实际上是社会不确定性因素增加造成人的焦虑。很明显，只有让自己拥有更多确定性，才能对抗当下的内卷与未来的不确定性。那么，如何才能增加自我确定性呢？

知识、能力和价值观是中小学生认知体系的核心要素。而阅读则可以实现个人的认知提升和能力升级，从而破解教育内卷。

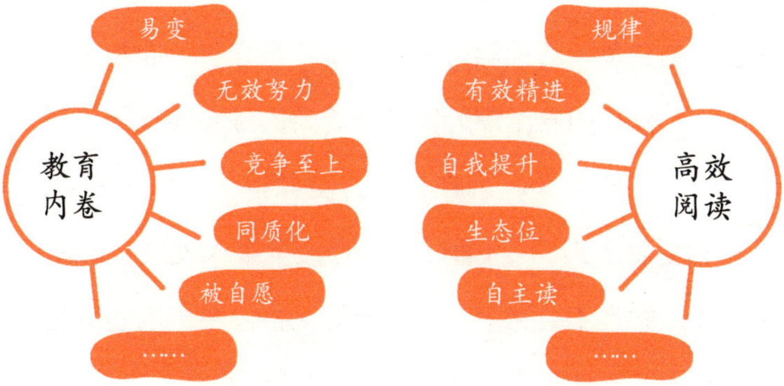

图 8 读书破万“卷”

读书破万卷，绝非调侃之语。教育内卷对大部分学生来说，主要表现为同质化内耗明显、动机被自愿、学习行为低效、收益努力比下降、机会成本增大、学习焦虑严重等。阅读可提升认知，避免同赛道过度内耗；阅读可提供更多可能，降低竞争的同质化；阅读作为个性化行为，培养独立自主品质；阅读发展元认知策略，促进学习高效；阅读重选择、创造和实用，让努力更有价值；阅读的价值呈指数增长，边际成本会越来越小；阅读富足心灵，可有效对抗脆弱。

当然，阅读提升认知层次，让你认清自我，找到个人潜在的生态位，以差异化优势实现自我发展；阅读让你看清底层逻辑，以规律之不变应现象之万变。

面对内卷，我们究竟是要强内卷，还是反内卷？很多时候，绊倒一个人的不是问题本身，而是产生问题的心智或认知。内卷产生的本源是社会不确定性引发的集体焦虑。横向看竞争，纵向看成长。竞争可以对抗不确定性，但只有成长才能获得确定性。义务教育本质上不是竞争，阅读学习本质上也不是竞争，而是求知和自我成长。因此，身陷内卷泥潭的我们，重要的是心性觉醒：努力是否走向无意义，不在竞争，而在自身。正如哲学家尼采所说：“不听命于己，必受制于人。”当通过阅读专注于个人发展，即使面对再多不确定性，你也不会迷茫，不会手足无措。跳出内卷看竞争，远离内耗看努力，阅读和学习才更有意义和魅力。

三、功利性阅读是阅读的最终出路

有人说，青少年阅读存在的问题首先是功利性阅读。一时间，让功利走开，让阅读走向纯粹的兴趣爱好、心灵愉悦，走向轻松随性、无欲无求，似乎成为拯救阅读的灵丹妙药。非功利性阅读，难道真是中小学生阅读的救星吗?

兰州的顾女士反映了一个阅读现象。她说，儿子一直到五年级还不喜欢阅读。后来，在听过几场培养阅读兴趣的讲座后，她隐约感到，可能是语文教师关于培养阅读方法、阅读能力的建议误导了自己。于是，她不再对孩子的阅读提任何要求，只要孩子喜欢读，一切随他。最初两个月，她明显感到孩子比以前喜欢读书了，虽然读的都是些乱七八糟的闲书。

后来，随着作业量变多，读书再也维持不下去了。她问孩子为何不再阅读了，得到的回答是：“读了那么多书，感觉也没什么用。”她又问：“你之前不是说，书很有意思吗？”不料，孩子的回答让她彻底沉默了，“光有意思有什么用，又不能提分，还不如多做些题”。顾女士觉得孩子说的有道理，但继而又陷入迷茫。

顾女士儿子的阅读最终没能坚持下来。其实，儿子的话已经回应顾女士的疑惑，那就是读书得有用。

有人将功利性阅读视为以功效和利益为准则的阅读。其实，这种认识无可厚非。前文已明确指出，阅读的宗旨是用而求学和学以致用。长期以来，中小学生不喜欢阅读，不能长期坚持阅读，不能成为真正的善读者，并非因为阅读太过功利，而恰恰是受非功利性影响太深。不带具体目的、不预设结果、不考虑时效，只为读而读，难道就是所谓的纯粹阅读吗？有人说，不带任何目的的阅读就是忽悠；还有人说，无欲无求、随心所欲的阅读，是在对知识耍流氓。当阅读也佛系，那绝不是非功利性阅读之福，而是阅读之殇。

阅读需要以明确的目的性、时效性和实用性，来满足个人成长和问题解决的需要。在信息严重过载、时间碎片化的当下，功利性阅读是对抗盲目、被动、低效阅读的强大武器，也是阅读得以持续的最终出路。

四、中学阅读问题的根在小学

有不少教师和家长发现，当孩子初中或高中语文落下后很难补救，也很难提升。尤其是在八年级结束时，语文如果依旧失分严重，就是一个很麻烦的问题。当然，你可能还会发现，如果孩子阅读能力够强，七年级学生做中考语文卷、高一学生做高考语文卷，甚至不比中、高考生差。相对于其他学科，语文在这方面可能算是一个特例。

天津的孟女士、长春的胡女士、运城的乔先生都家有初中生。他们都曾向我反映和咨询过相似的问题。孟女士反映，女儿刚读初一，语文成绩相较于小学明显下降，尤其是阅读理解丢分严重，为此很是苦闷，希望我能给孩子指点一下。

胡女士儿子读初二，参加过半年的阅读辅导班，“刷”过不少阅读试题，但直到下学期期末考试，阅读理解成绩依然很差。

乔先生儿子阅读成绩相对较好，每次考完都觉得非常理想，但又会多少扣几分。孩子一直不清楚自己的问题所在，希望能帮忙诊断一下。

以上三种现象，表面上看是阅读理解本身的问题，实质上是宽泛阅读问题的常见表现。对于女儿成绩的明显下降，孟女士的担心是可以理解的，但只要明白并正视这个阶段孩子的阅读特点及问题，难题便是可解的。其实，这就是所谓的“七年级暴跌现象”。

“小学语文成绩具有虚假性和欺骗性。”你或许不止一次听过这样的言论。很显然，虚假和欺骗是相对于初中来说的。一方面，小学作文的宽容性评价和趋中性评分，让作文分数整体拉不开；另一方面，小学对阅读广度、深度、难度的考查较低，对阅读能力的考查较为基础，对阅读的评价标准较宽松。这些都导致小学语文成绩的普遍虚高，也就给家长和孩子造成一种假象，即感觉阅读能力和作文能力很不错。

现实告诉我们，小学毕业的中国孩子远没有形成期待中的阅读力，甚至没有获得通过阅读来学习的能力。当然，其中也隐藏着一个可悲的事实，那就是小学与初中存在严重的阅读能力脱节。此刻，我们便不难明白：没有阅读力支撑的高分是短命的。胡女士的儿子尽管参加过辅导班，刷过不少阅读题，但小学欠下的阅读账明显不好还。乔先生儿子面对的阅读问题，主要是发展于小学高年级段的元认知能力，即对自我阅读的监控、溯源、评价、调整和完善。此外，随着学科、作业的增加和阅读兴趣的衰退，阅读逐步进入危险期，极易出现中学阅读能力塌陷。

低年级段作为阅读兴趣和习惯的养成期，决定未来想不想、要不要读。中年级段作为理解力发展、策略方法学习的关键期，又是从学习阅读到阅读中学习的过渡期，决定一个人能不能读、会不会读。在这个阶段，能力从整体感知走向理解推理，又步入鉴赏评价，命题考查从客观走向主观，从提取走向阐释，从辨别走向分析。这对真正进入阅读理解才一年的四年级学生来说，是不小的挑战。所以，此阶段过渡不好，阅读便会出现“四年级滑坡现象”。高年级段作为阅读能力深度发展、策略方法逐步掌握、高阶思维起步培养、自主阅读正式养成的又一关键期，起到“承小启初”的作用，决定着中学的阅读是否高质、能否高效。

五、阅读的战略比战术更重要

现实中，总有些学习勤奋刻苦的孩子，无论如何都追不上看似不够努力却成绩优异的孩子。不少人可能觉得，那些“看似不够努力却成绩优异的孩子”都是天资聪明的。这使他们想当然地认为，笨鸟只有努力和勤奋地飞才能成功。那有没有可能，是你对勤奋的认知和方向出了问题呢？作家古典将勤奋分为三重境界：靠努力的低水平勤奋、靠方法论的中等水平勤奋、靠选择目标的高水平勤奋。试想，对于学习或阅读，我们是否耽于低水平战术勤奋，而疏于高水平战略谋划呢？小米科技创始人雷军说：“不要用战术的勤奋，掩盖战略的懒惰。”或许，我们是时候呼唤阅读战略了！

在一场线下阅读分享会上，有几位家长分享了孩子的阅读现状。

A女士说：“孩子不喜欢读书，阅读非常被动，且常常心不在焉。”B女士说：“女儿虽喜欢阅读，但六年级了还不会选书，每次都让我帮她选。”C女士说：“我担心，缺少目标、计划、方法的盲目和低效阅读，会让孩子难以坚持。”D先生表示：“现在的书太多了，读什么，为什么读，怎么读，读到什么程度，别说孩子，就连家长都很迷茫。”E女士说：“孩子读书不少，却总抱怨读完没什么用。”

以上几位家长反映的阅读现象都是现实中最常见的。常见却没有得到解决，就说明问题比较棘手。如果问孩子，你能读完一本书吗？估计没有孩子会否认。但如果要追问，你有自己的短期、长期阅读计划吗？你会根据阅读目的恰当选书吗？你能综合运用阅读策略方法吗？你能将阅读所学灵活运用吗？你知道如何提高阅读效率吗？相信，很多孩子都是一头雾水。读，谁都会说自己行。但善读、读好，让书为我师、书为我友、书为我用，仅依靠一些方法、技巧，显然就难以奏效了。在信息极度过载的当下，无论是忙于读，还是盲于读，都不是中小学生的应选之项。

那么，什么才是阅读战略呢？阅读战略是集全局统筹、原则指导、策略调控为一体的综合谋略。相对于阅读战术的具体性、即时性和可操作性，阅读战略较为宏观，具有全局性、一贯性和指导性，体现为目的、原则、策略，指导阅读方法、手段、技巧的实施。

全局统筹是阅读的第一大战略。它要求我们用系统的思维去认识阅读，从结构上逐步建立自己的阅读知识体系、能力体系、动力体系；从整体上去看待认知体系中各要素之间的关系；以全局理念和整体最优原则看待阅读的目的、价值和效果；用动态发展的观念看待个人的阅读成长。全局统筹是个人阅读发展的保障，从整体规划着阅读的方向和路径，让我们清晰地看到个人未来的阅读蓝图。

原则指导是基于阅读底层规律，对阅读战术提出的通用性准则或依据。顾晓鸣教授指出，一个有效的阅读者，必须从战略上把握阅读的这些内在机理。比如，我们要选择最有价值、最适合自己的读物，要学会依据读物的纵贯、横断、深向、动态联系，进行合理配伍；要确立以问题导向为原则的发现性、创造性阅读；要注意阅读中的循序渐进和博精相兼；要注重阅读的质量，同时追求阅读的实效；要将知识获取与生活实践结合起来，做到用而求学、学以致用。

策略调控是确保阅读顺利进行和高效完成的重要战略。具体的阅读战术固然重要，但有了战略的统筹和调控，战术才更有效和高效。比如，阅读的策略调控要求阅读者确定明确、具体的目标；能够激发阅读动机、调控阅读情绪、强化阅读意志等；能够根据阅读目的和材料选择合适的阅读策略方法；能够制订具体可行的阅读计划，并对阅读时间、方式、任务进行有效管理；能够对阅读过程进行有效监控、评估、调整和完善。

阅读战略之于战术，是阅读的高阶思维，是规律，是原则，是统筹，是规划，是指导，是调控，是对各种阅读要素和关系的驾驭。一个现代阅读者，首先应是一个战略阅读者，而后才能成为一个成功的善读者。这应该成为每个读者的努力方向，包括中小学生。

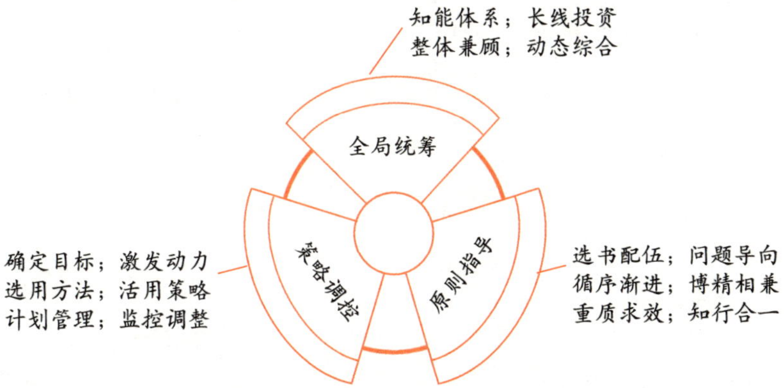

图 9　中小学阅读战略结构图

六、自主阅读力只能在课外主场获得

将孩子培养成“自能读书，不待教师教”的自主阅读者、终身阅读者，是中小学阅读教育的最终目的，也是广大家长的心声。但现实是，很多孩子直至高中乃至大学毕业，也没有形成自主阅读的能力。不但不想读，也不会读，更不能坚持读。

广东惠州的卢先生是明确反对“学校是自主阅读力培养主战场”观点的家长。

他说自己的两个孩子一个读高中，一个读初中，自主阅读能力都是在课外培养起来的。他觉得，一方面，孩子课内没有时间读书；另一方面，教师很少教孩子如何阅读。所以，他在家里给孩子布置了藏书2000多册的书房。从国内外文学名著，到各种百科知识书籍，再到阅读策略方法类书籍。多元丰富的读物，不仅满足了孩子的阅读需求，也让一家人养成了阅读的习惯。多年来，孩子因兴趣爱上阅读，因能力善于阅读，因收获主动持续阅读。他坚定地认为，将孩子培养成自主阅读者的不是教师，也不是家长，而是课外阅读。

严格地说，学校的阅读教学并非真正的阅读教学，而是典型的课文或文篇教学。教师的教更多停留在对文本的解读和分析上，而且是基于既定答案的任务性讲解。

我们不难发现，对于整本书阅读，我们的策略方法教学也是欠缺的。尽管当下有很多教师在推行整本书的课程化教学，但无论是从理念还是时间，抑或教师阅读能力上，课程化的整本书阅读可能都是死胡同，是自主阅读发展的又一障碍。而对于整本书阅读主战场的课外阅读，并未真正纳入阅读教学的范畴。

其实，无论语文学习是“三分课内，七分课外”（张志公），还是“百分之七十是得之于课外阅读”（吕叔湘），抑或“一分课内，九分课外”（于永正），课外阅读都是学生必修课程的“大后方”，是自主阅读能力培养的主场。因此，不要寄望课内的副场阅读能够培养孩子的自主阅读力，自主阅读力只能在课外主场获得。

七、父母应成为孩子最得力的阅读指导师

艾瑞克·唐纳德·赫希教授曾在《知识匮乏：缩小美国儿童令人震惊的教育差距》一书中提出，只有在妥善处理好阅读问题后，才能实现保证每位学生人生起点公平的目标。教育家苏霍姆林斯基也认为，当偏僻乡村学校的孩子们有了与中心城市的孩子一样多的优质图书时，他们精神发展的起点就站在了同样的起跑线上。当不能享受优质教育资源时，家长最好的选择就是为孩子提供丰富的阅读资源。

伊丽莎白·威尔逊在《孩子爱的书》中说："想让孩子在家与书为伴，首先需要创建一个爱书之家。"爱书之家首在拥有丰富、可供孩子自由选择的图书。据当当网联合易观发布的《读书破万"卷"：国民阅读洞察 2022》报告（下称"当当报告"）显示，家中藏书 501 ～ 1000 本的占 35.6%；藏书＞ 1000 本的占 28.4%。也即说，有 64% 的受访者家中藏书超过 500 本。

事实证明，家庭藏书的多少影响孩子的学业成绩与个人成长。美国社会学家玛丽亚·埃文斯及其团队对全球 27 个国家 73000 人阅读及教育成就的调研显示，在排除父母的教育水平、职业和阶层的情况下，在有藏书 500 本的家庭中长大的孩子，比在没有书籍的家庭中长大的孩子，多接受 3.2 年学校教育。其中，中国的数据显示，父母有藏书 500 本的孩子比起家中没有藏书的孩子，平均多受 6.6 年的教育。美国阅读推广人莎拉·麦肯齐说："要培养孩子良好的阅读品位，最好的方法就是在孩子的成长之路上铺满好书。"

家里有书读，更要有读书氛围。温迪·威廉姆博士说："你想让孩子读书，就得让他看到你经常读书，喜欢读书。"这就需要家长成为积极的阅读参与者和孩子的阅读榜样。当当报告显示，每周阅读≥ 1 天的占 90.1%，每周阅读≥ 3 天的占 59.5%，每周阅读≥ 5 天的占 29%。由此可见，超过 60% 的受访者家人每周有 3 天以上时间都会阅读。2022 年发布的《第二十次全国国民阅读调查》显示，我国 0 ～ 8 周岁儿童家庭中，平时有陪孩子读书习惯的家庭占 73.2%。2019 年发布的美国第 7 版《儿童与家庭阅读报告》显示，66% 的家长喜欢和孩子一起参加阅读活动。值得庆幸的是，家长参与家庭阅读，关注孩子阅读，为孩子树立阅读榜样，已逐渐成为共识。

课外阅读读起来重要，读到一定量同样重要。众所周知，我国《义务教育语文课程标准》对各学段课外阅读量有明确要求。然而，不少孩子的阅读量并未达到课标的基本要求。此外，对比《第二十次全国国民阅读调查》(2022 年）和《美国儿童阅读报告》(2022 年）不难发现，我国未成年人的人均图书阅读册数，远低于美国的人均阅读数量。调查结果显示，我国不仅在小学中低年级段阅读量明显不足，整个中小学阶段与美国学生的实际阅读量也存在很大差距。因此，家长作为孩子阅读教育的第一责任人，要致力于提升孩子的阅读量。

自主阅读者需要专业的阅读指导。前文已表明，孩子的自主阅读力只能在课外主场获得，自主阅读者也只能由课外阅读来培养。美国教育心理学家华尔特·B. 科勒斯涅克指出，家长参与教学是当代美国社会中教育发展的一个特点，家长在孩子阅读的各个阶段，都能够而且应该对自己的孩子做些事。随着我国家长学历的普遍提升，家长深度参与孩子的阅读教育，必将成为趋势。

在一些西方国家，均有专门指导孩子阅读的阅读指导师。那么，中国父母有无可能成为孩子阅读的指导师呢？毫无疑问，无论将来是否需要一本阅读指导师证书，基于国内的需求和条件，父母都有望成为第一批家庭阅读指导师。尽管大多数父母都不知道自己的孩子如何成长为善读者，而且缺乏专业的阅读指导能力，但不可否认的是，越来越多的父母注定会成为引领孩子进入书中奇妙世界的人，成为给孩子阅读以示范、榜样、指导、交流和支持的人，成为帮助孩子把书读好的人。

我们知道，阅读能力不是天生就具备的，其习得离不开学习和指导。实际上，父母是孩子最早接触和学习阅读的引导者。苏霍姆林斯基强调："课外阅读不能放任自流，必须进行指导。"对父母而言，如何进行专业、有效的阅读指导，让孩子课外阅读"不放羊"就显得十分重要。

有效的阅读指导始于懂得，而非知道。它至少基于3个原则：一是家长要做积极的阅读者和支持者，因为一个从不阅读或者缺乏阅读经验的大人，是难以为孩子提供协助的；二是坚持非干扰性阅读指导，参与但不干预孩子阅读选择，引导但不主导孩子阅读行为，配合但不越位替孩子理解和思考，只为孩子提供方向性、策略性引导；三是适度学习教育学、心理学、阅读学等理论，了解阅读的体系、规律和策略，掌握阅读的专业知识和能力。

父母还可以读些阅读普及、指导方面的书。例如，《朗读手册》（[美]吉姆·崔利斯）、《阅读手册：成就孩子一生的阅读培养法》（真心爸妈）、《阅读力决定学习力：提高阅读力的11堂课》（聂震宁）、《我用阅读教育孩子》（周璐）、《让孩子爱上阅读：父母和教师该怎么做》（[美]丹尼尔·威林厄姆）、《帮助你的孩子爱上阅读》（[英]爱丽森·戴维）、《如何让孩子爱上阅读》（[澳]梅根·戴利）、《小学阅读能力决定一生的成绩》（[韩]金明美）、《如何阅读能让孩子受益一生》（[美]莎拉·麦肯齐）、《阅读的7项核心技能》（[美]苏珊·齐默尔曼/[美]克莉丝·哈钦斯）、《美国学生阅读技能训练》（[美]珍妮佛·塞拉瓦洛）、《上好一堂阅读课：第3版》（[美]斯蒂芬妮·哈维/[美]安妮·古德维斯）等。

课外阅读指导是一个慢养的过程。父母要有长线思维，从终身阅读者的目标看阅读培养，不急功近利，从阅读教育的高度看孩子发展，不拔苗助长；要有责任心和使命感，能引善导，善于激发阅读动力、传授策略方法、提升阅读能力；要遵循阅读规律、尊重孩子个性，因材施教，让阅读成为个性化行为，让孩子成为独一无二的个体。

八、各科教师应成为孩子阅读力塑造的支持者

长期以来，很多人都有这样的误解：阅读是语文的事，跟其他科目无关；阅读力培养是语文教师的事，跟其他教师无关。很显

然，这种认识是错误的。阅读力是各科学习的基础和工具，深刻影响各学科的学习效果。

某中学为打造书香校园，斥资购进大批图书，为每个班设置了图书角，而且开设了每天一节的自主阅读课。此举一度得到师生和家长的广泛支持。

倡导和推动学生自主阅读，本是一件具有远见卓识的大好事。但由于缺少有效的阅读指导，阅读效果并不明显，有不少学生开始利用自主阅读时间写各科作业。语文教师看到了，认为阅读属于语文范畴，索性开始利用阅读时间进班讲课。数学、英语等科目教师看到后，觉得既然语文教师占课，自己也可以利用阅读课留作业、讲试卷。久而久之，许多班级的自主阅读课，都被一些勤快的教师抢占了。尤其到临近考试，几乎所有班级的图书柜都被上了锁，自主阅读课也成为各科教师用来讲课、测验而激烈争夺的对象。

阅读力培养仅仅是语文教师的事吗？显然不是，它应该是所有学科教师和家长共同的责任。但现实是，语文学科外的其他教师并不真正重视孩子的阅读，作业布置没有协调与配合，致使孩子作业多得没时间阅读。即使语文教师布置了阅读任务，家长和孩子也多将其留在最后，视作业量和时间决定读与不读。阅读非作业，可读可不读，似乎早已成为默认的共识。实际上，阅读的主要障碍在于孩子没有足够的阅读时间和没有得到有效的阅读指导。

要改变这种现状，其他学科教师都要认识到，阅读不只是语文和语文教师的事，孩子的阅读也不只是文学阅读，还有更为广泛的学科阅读。儿童发展专家阿曼达·戈莫博士指出：“学会了阅读，就能够自学几乎任何科目。”所以，各学科在共享阅读红利的同时，更应倡导阅读红利共创。其他学科教师既要主动给孩子留出阅读时间，提供更多阅读机会，更要基于学科知识、思想、方法、人物，确定学科阅读目标，设计学科阅读任务，帮助孩子选书，指导阅读成果运用，引领孩子真正进入学科领域阅读。

此外，学科教师还应明白，我们不是教教材，而是在教学科、教读者。学科阅读不仅有利于培养孩子学科兴趣，训练学科思维，增强学科理解，更能促进阅读的细化、多样化和深化，助力学生阅读力塑造和自主阅读者培养。

第二章

阅读升级，以知识体系建构为基

第一节　现在，请审视我们的知识观

在信息膨胀的算法时代，我们该如何认识知识及其学习行为？是继续以知识学习为主，还是知识应该服务于能力？知道和占有知识，就能拥有这些知识的价值吗？碎片化知识能否实现“零存整取”？我们的知识结构又是否存在畸形？如果我们不能客观看待知识，就无法真正拥有知识。

一、知识学习过时了吗

北京师范大学张志勇教授认为：“知识本身终究无法改变人的命运，而只有基于知识的学习所形成的能力才能真正改变人的命运！”语文教育家吕叔湘也曾指出：“语文课的主要目的是培养学生的语文能力，而不是传授语文知识。”在能力和素养大行其道的当下，再倡导和强调知识学习，是否已经过时了呢？

不同阶层儿童之间的成绩差距，主要是知识差距和语言差距。要想实现教育公平，就要让那些在经济方面和认知方面处于弱势的学生获得系统的知识。只有真正的知识才能培育真正的兴趣和个性。知识是到目前为止带领我们走出阅读低谷最有希望的途径，也是到目前为止提高所有人的阅读技能、缩小不同人群之间阅读差距的最有希望的方法。

提高所有学生的阅读能力，需要教会学生这些相对固定的核心知识，帮助理解文本知识。提高学生阅读成绩和缩小学生之间阅读差距的唯一方法，是为学生系统地提供阅读理解材料所必须具备的广泛且特定领域的背景知识。学生不断积累、持续增长的丰富知识，才是最好的长期有用的阅读策略。

——《知识匮乏：缩小美国儿童令人震惊的教育差距》《知识为什么很重要：将孩子从失败的教育理论中拯救出来》[美]艾瑞克·唐纳德·赫希

不难发现，学生的阅读能力和成绩依赖于必要的语言、背景知识，依赖于系统、核心的知识建构。认知心理学家戴维·保罗·奥苏贝尔也指出："阅读的关键性先决条件，是你已掌握了背景知识。"作家苏珊·齐默尔曼同样认为："读者对文章的理解以及为文章赋予的意义，取决于他的背景知识。"

既然知识如此重要，那为何还有人认为知识学习过时了呢？

究其原因，无外乎以下五点：一是信息时代的知识，数量庞杂且淘汰更新快；二是长期灌输式、机械性知识学习，获得的是无效的死知识，无法实现迁移运用；三是以积累和占有为目的的知识扩充，不能实现向能力和价值的转化；四是碎片化、低质量的知识不成体系，无法产生新的认知；五是知识建构的策略性不足，过于粗放、盲目和低效。

由此可见，不是知识学习已过时，而是我们未真正认识知识的本质，缺少知识构建的有效策略，没有充分享受知识转化带来的价值。几千年来，从农业社会到工业社会，再到信息社会，战略资源已从土地、资本变为知识，且知识正在以前所未有的速度升值。无论何时，“知识就是话语权”的论断依然有效。我们说，物质贫穷穷在能力，能力欠缺缺在思想，思想贫穷穷在知识。知识本身虽无法改变命运，但其作为认知的基础，决定着能力的形成和发展，影响着认知层次的升级。知识的数量在暴涨，知识的内容在丰富，知识的载体在演进，知识的融合转化在加速，所以知识不会过时，知识学习也不会过时，反而会与时俱进。

二、知道与记住知识就是掌握知识了吗

孔子说：“吾有知乎哉？无知也。”王阳明说：“未有知而不行者，知而不行，只是未知。”有没有可能，你所知道和记住的并不是知识，或者你并没有真正掌握知识呢？

汪雷是同学眼中小有名气的“百事通”，凡是大家私下讨论的，没有他不知晓的。他也常因被同学称赞“无所不知”“博学多识”而沾沾自喜。老师也觉得汪雷记性好、懂得多，偶尔会请教一二。但其父亲偏偏不以为然，觉得儿子并不像外人说得那样博学，反而是“一瓶子不满，半瓶子咣当”。理由是，儿子虽见多识广、记忆力也较强，但对什么都是只知皮毛。随着孩子的年龄增长，他越发坚信儿子并不是真的博学。他发现，但凡针对某个问题深入讨论时，儿子就不知所以了，更不用说用其所知来解决学习上、生活中的问题了。为此，他没少批评儿子：“平常知道的东西都去哪了？”“你不是什么都知道吗？这会怎么哑巴了？”“总说别人孤陋寡闻，你也有不懂的时候。”

试想，是汪雷真的不知道、没有记住吗？或许不是。那问题究竟出在哪呢？首先，知道与记住的也许不是知识。比如，汪雷知道的只是最基层数据，即记载和反映客观事物的数字、文字、图像、声音、视频等符号及组合。他的记忆有可能是对大量数据的盲目积累。当然，他记住的也可能是由数据加工、连接而成的信息。如果只是单纯掌握信息，而没有经过思考，并不算学到知识。

其次，知道与记住，并不等于真正掌握知识。很多人涉猎面广、记忆力强、学习勤奋，这些都有助于知道和记住更多知识。但所谓知道，其实只是听过、看过、了解过，并不等于掌握。武汉大学教授虞崇胜就认为，“知道”只是知其然，往往是肤浅的；知识则必须是知其所以然，是有深度的识见。同理，记住也并不等于掌握。例如，不少家长和教师利用孩子学龄前及小学低段机械记忆力强的优势，加大孩子的知识背诵量。此时，知识只是被机械记住了，以公共知识（具有普适性的客观知识）的形式被暂时存储，并未与其他知识产生关联，未经过理解思考最终转化为个人知识。所以，其保持时间较短，很容易遗忘，且难以实现分享迁移。

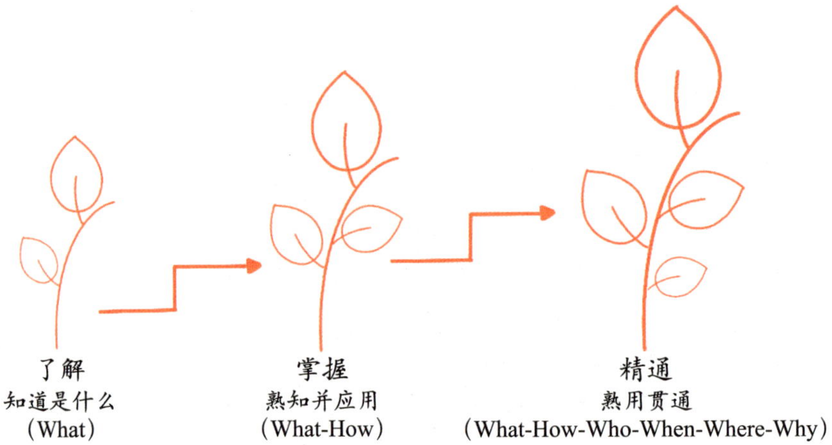

图 10　知识的掌握程度三阶段

由图 10 可见，知道与记住还处于了解阶段，并没有实现掌握，更不用说精通了。此外，相对于事实性知识，对原理性知识的知道与记住效果会更差；相对于广义的程序性知识，对策略性知识的知道与记住同样重要。由此可见，知道与记住只是知识掌握的初级阶段，能准确、灵活调用知识解决问题，才是对知识的真正掌握。

三、占有知识就拥有价值吗

宋真宗赵恒在《劝学诗》中写道："富家不用买良田，书中自有千钟粟。安居不用架高堂，书中自有黄金屋。"实际上，书中的"千钟粟""黄金屋"便是阅读的价值。读书求知、科举入仕，作为古人获取功名、财富的主要途径，一定程度上反映出古代知识的稀缺。反观当下，知识可谓极度丰富，占有知识还意味着拥有价值吗？

多年前，朋友聚会时，大家讨论起时下兴起的知识付费话题。在事业单位上班的A，非常羡慕做企业咨询的B，觉得他凭借经验和知识，为企业出些经营管理、文化建设、营销宣传的方案，就能轻松挣大钱，自己却空读了几百本书而无所得。

B告诉A，知识只有转化才能实现更大价值，建议他将有关家庭教育的知识做成专栏，以视频形式分享给更多人。A听了B的话，回去做了系列家庭教育视频课，既帮助了家长，又获得了一份额外收入，偶尔还会被邀请开展公益讲座。

以上案例虽是成人的知识转化，但无疑告诉我们一个道理：知识学习的目的不在储备扩充，更不在囤积占有，而在于有效转化，在于解决现实问题。与之前知识和图书的贫乏不同，面对当下丰富的公共知识和阅读资源，你可以拥有更多，但无法独自占有，更不可能独享价值。对中小学生也一样，知识是能力的基础，并不意味着就要无休止地盲目扩充知识。如果不懂得知识的筛选、整理、关联、内化和运用，知识的价值就会止于存储。正如《小学生阅读高手》的作者山中惠美子所言："只要大脑中存储了大量的知识，就被认为是优秀人才的时代已经消失了，现在的时代，需要的是能够将多种知识组合在一起、主动思考、发挥创造能力的人。"

以有限的生命追求无限的知识是危险的，盲目地扩充和占有知识也不是明智之举，选择性地学习、积累、构建和转化知识才是正路。长期以来，我们从坚信弗朗西斯·培根的"知识就是力量"，到追问赫伯特·斯宾塞的"什么知识最有价值"，再到反思阿普尔的"谁的知识最有价值"，这不仅是对知识学习的思考，也是对知识价值的探究。美国教育家阿瑟·科斯塔说："知识的获取仅仅是一个开始，最重要的是将其运用到日常生活中。"希望他的话对我们是个提醒。

四、我的知识结构存在畸形吗

知识建构本身是提高学生阅读能力的关键。现实中，我们都在有意无意地构建着自己的知识体系，但不是每个人都清楚自己的知识结构。

小袁是郑州市某小学六年级的学生，学习勤奋努力，知识面较广，唯作文让他苦恼不已。小袁妈妈表示，孩子平时写日记、背作文、摘抄好句段一样都没落下，但作文还是写不好。

通过多方面了解，我发现他的知识结构存在很大问题。首先，他对知识的学习多停留于表面，很少进行深入探究，基本是“只知其一，不知其二”；其次，他的知识面虽广，但知识都是零碎、孤立的，相互之间缺少关联，无法形成自己的认知；再次，日记、背诵和摘抄的目的性差，多为应付教师和家长的任务，故缺少思考和理解，致使积累的知识用不上；最后，对作文学习和自己努力的认识有偏差，认为作文就是套用和模仿，只要足够勤奋和努力就能写好。

由以上案例可知，小袁的知识结构确实存在很大问题，不仅涉及知识的深度、关联度，还涉及知识的积累，以及对作文学习的认知和对自身行为的元认知。应该说，无论是陈述性知识还是程序性知识，小袁的知识结构都有缺陷。尽管并不存在绝对完美的知识结构，但不合理的知识结构势必会对个人的学习和成长造成不良影响。此时，便不难理解小袁作文写不好的原因了。其实，不只是小袁，我们每个人的知识结构都或多或少存在一定问题，甚至是畸形。

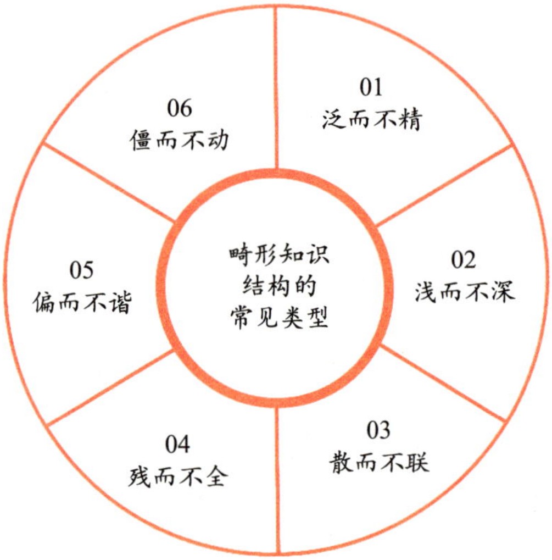

图 11　畸形知识结构的常见类型

从图 11 可见，泛而不精、浅而不深、散而不联、残而不全、偏而不谐、僵而不动是知识结构常见的六大畸形。

泛而不精，是指一个人的知识面广、知识多而杂，但不够精要。通俗地说，就是知道的知识很多，但不是最关键、最核心的，或者没有经过去粗取精的提炼。例如，有学生喜欢读唐诗，喜欢某个诗歌流派，但读的很多诗并不是某诗歌流派代表人物的代表作；有学生喜欢研究宋词，但凡宋代词人的词作都想赏析一二，面对浩瀚的词海，这个看看，那个读读，终不得宋词精华及词人精神。如果说，教育的本质是对核心知识的强制塑造，那么确定核心知识、汲取知识精华就是个人知识构建的首要任务。

浅而不深，是指面对知识只见事实，不知就里；只知概念，没有理解；只习技巧，不谙规律；只看现象，不得本质。例如，在做阅读理解的过程中，大多数孩子只知道没有答到点子上，并不清楚为什么答不准要点；只有少部分孩子知道，是因对命题中的概念或倾向性关键词理解不到位，或审题不清楚；极少有孩子能清楚，出现以上问题的根本，在于自己的理解力不足和答题技巧意识欠缺（作答要考虑命题倾向，有答题角度、方向、顺序和踩分词）。知识构建只有由浅入深，明理念、见规律、识本质，才更有质量。

散而不联，是指知识之间彼此孤立，缺少关联性。知识点记忆固然重要，但如果缺少知识之间的关联，那么知识点因没有关联就更易忘记。同时，由于没有知识的融合，也无法生成新知识。当然，只有散乱的知识点，就形不成知识线，也就构不成知识面，更无法搭建知识体系。例如，写作文时要实现文章的变化有致（见图12），倒叙是一个知识点，悬念法（包括倒叙、伏笔、设疑等）是一条知识线，尺水兴波（包括悬念法、抑扬之法、一波三折法）是一个知识面，变化律（包括尺水兴波、虚实结合、主次详略）就是一个知识体系。可以说，知识的价值不在其本身，而在知识之间的联系。知识构建就是搭建联系，是以知识为基点，以联系为纽带，以联想为工具，以实践为终极手段，建立各种或强或弱关联的过程。

残而不全，是指一个人某方面的知识残缺、不完整。例如，对“初唐四杰”“竹林七贤”“唐宋八大家”“四大发明”“十二生肖”“二十四节气”“三山五岳”“三皇五帝”“三教九流”“五湖四海”“五脏六腑”“五行八卦”“五大表达方式”等知识，知道得不全面。

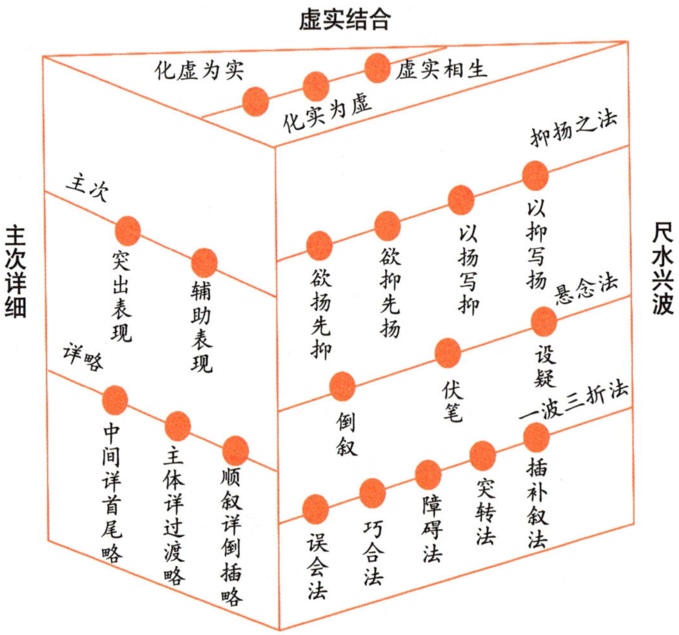

图 12　文章变化律的知识结构

偏而不谐，是指一个人的知识结构组成不合理，以及与个人的需求不匹配。按照不同标准，知识可以分为不同的类型。例如，从知识所属主体与认知维度上分，可分为公共知识与个体知识；从心理学上分，可分为陈述性知识和程序性知识；从内容上分，可分为语言知识和背景知识；从形态上分，可分为经验性知识和理论性知识，等等。在知识学习过程中，我们不追求类型知识的平均化，但要相对协调，不能出现明显的“瘸腿”，要适应自己，不能跟风随大流。例如，有极端偏科情况的学生便是知识结构本身的不协调；不考虑个人实际，盲目跟风、随波逐流，是知识与个人需求的不协调。

僵而不动，是指个人对知识的态度及知识的状态僵化，不能与时俱进、及时更新。尽管知识相对稳定，但个体知识是个人经验与公共知识转化融合的结果，其带有明显的个体性、主观性和情境性。即使公共知识也是时代的产物，在不同年代和情境下有不同的内涵。所以，严格来说，没有绝对正确、永恒不变的知识，所有的知识都是动态发展的，接受着时间和实践的检验、淘汰、丰富与更新。因此，中小学生要学活知识，将知识学活，更要活学知识，不死记硬背，不自我封闭，构建一个动态、开放的知识结构。

知识结构虽不固定，也各不相同，但好的知识结构存在相对的标准。我们只有了解知识结构，才能有效诊断和建构知识体系。

五、碎片化知识能实现“零存整取”吗

我们通常理解的碎片化学习或阅读，多是指利用碎片化时间对碎片化知识的获取。碎片化时间本身无可厚非，而碎片化知识才是值得关注的。

马老师是绍兴某公立小学的语文教师，拥有二十多年的教龄。她长期关注小学生阅读，对近年来的手机阅读颇为焦虑。她认为，手机阅读是典型的碎片化阅读，对孩子的知识积累很不利。所以，她多次强调，家长要积极引导孩子多读纸质书，尽量避免手机阅读，尤其是频繁地刷视频。

她的倡议得到了绝大多数家长的认同与配合。相对于其他班级，她所带班学生的纸质书阅读量明显较高。但这期间也受到过一位家长的质疑。家长表示，由于平常工作较忙，自己很少读纸质书，基本靠手机阅读来充电，并没有觉得有什么不妥。再说，大部分成人的碎片化时间基本在刷手机，父母能靠手机阅读补充知识，为什么孩子就不可以呢？对此，深有同感的马老师也很困惑，不知该如何说服家长。

马老师的焦虑与困惑，既是绝大部分教师的，也是广大家长的。当然，无论是手机阅读还是纸质阅读，都面临着碎片化的问题。知识的碎片化积累到底可不可行，知识能否像钞票一样实现“零存整取”？个人知识体系构建主要分为结构搭建和知识完善两个阶段。

在结构搭建阶段，我们提倡整体性和系统化阅读。整体性意味着阅读的内容尽可能是成篇、成册的文章或书籍，而非零碎的片段、孤立的知识。例如，孩子阅读《西游记》《水浒传》等，最好是阅读整本书，而不是只了解其中的某些人物、事件，或记忆他人归纳总结好的知识点。整体性能使读者清晰地梳理人、事、物、情、理等要素之间相互依存、相互制约的关系，更好地把握和理解阅读内容的精华。

系统化是指阅读内容要以某主题、类型等为线，进行循序、连贯、有层次、有计划的阅读。例如，要构建唐诗知识体系，可依次阅读启蒙版（《唐诗绘本》）、注音版（《唐诗三百首》）、彩绘版（《画给孩子的唐诗》）、漫画版（《半小时漫画唐诗》《爆笑唐诗》）、讲解版（《戴老师高能唐诗课》《六神磊磊读唐诗》）、选注鉴赏版（《唐诗选注》《唐诗鉴赏辞典》）等唐诗书籍。

在知识完善阶段，碎片化知识补充和更新很有必要。如果你已构建起自己的知识体系，那么通过碎片化时间进行非系统阅读，以此来补充、完善、淘汰和更新知识，优化个人知识结构就是有益的。例如，孩子已建立起阅读理解的知识体系，平常无论是积累背景知识、记知识点，还是掌握技法、训练题型，抑或上视频课，这些行为及所获取的零碎知识对阅读理解知识体系完善都是有效的。

此时，回看材料中学生家长的质疑，便不难理解了。学生家长平常没有系统化、整体性的纸质阅读，却能通过手机阅读实现个人充电，是因为他本身已在某阶段、某领域建立起个人知识体系，手机阅读获得的碎片化知识起到的是补充、完善功能。对于中小学生而言，个人知识体系及众多知识系列还未建立起来，手机阅读获得的碎片化知识很难实现“零存整取”，更无法支撑个人知识体系的建构。所以，中小学生的阅读，还应以整体、系统的主题阅读为主。

第二节　孩子必备的知识建构策略

经常听一些恨铁不成钢的教师说："但凡有点办法，我就会把知识磨成面儿，给你灌下去！"但知识不该是硬塞给孩子的，也不该是被动接受的。有价值和生命力的知识应该是个人自主建构的。从继承到发展到强化，知识的建构离不开有效的策略和工具。

一、知识建构的两大策略：继承与发展

艾瑞克·唐纳德·赫希教授说："对于父母而言，积极正确的目标应该是让孩子在语言艺术的课堂上获得实质性的知识建构。"作为目标，知识建构实现的最有效方法、方式是什么呢？

在一次家校合作交流会上，有位家长就二年级某语文教师的教学方法提出了质疑。她认为，看图写话和看图编故事不应有固定的表达，更不该让学生背诵既定内容，那样既不利于学生联想力、想象力培养，也无助于语言组织和表达能

力发展，还会给学生传递错误认知，应鼓励学生根据自己的理解，用自己的语言灵活表达。她同时指出，课后问题也不应让孩子背诵固定答案，应该多引导孩子理解，在此基础上说出大致答案即可。

教师则解释称，孩子写话、编故事能力参差不齐，统一内容更有利于所有孩子及时掌握，而熟背课后题答案一方面有助于孩子加深理解，另一方面也是应对教学考查的需要。对此，该家长表示难以接受，认为孩子并不会因此学到知识和提升能力。

盲目背诵与其说是让孩子掌握知识、提升能力，倒不如说是为表面上完成教学任务。家长感觉孩子学会、掌握了，实质上却是教育的假象。不少教师和家长都有这样的同感：孩子的课内阅读基本不丢分，课外阅读就经常丢分，而且难以提升。原因何在？

很明显，课内阅读学过、做过、讲过、背过，只要孩子够用心、够勤奋，是很难丢分的；课外阅读则不同，没学过、没做过，更不可能讲过、背过，丢分就显得很正常。如果说阅读考查的是程序性知识（技能），孩子实际上是没有通过学习掌握的，也就谈不上迁移运用了；如果说考查的是陈述性知识（背景知识、语言知识），孩子也未通过学习实现有效积累和调用。此时，我们是否该扪心自问，孩子所学何事，所背何用？

既然盲目背诵难以让孩子掌握和运用知识，那么知识到底是如何建构的呢？继承与发展是知识建构的两大策略。儿童心理学家让·皮亚杰说："个体认知结构就是通过同化和顺应过程逐步构建起来的。"从心理学和认知论角度看，知识构建也可视为同化与顺应的过程。

通俗地说，就是知识（客体）与个人（主体）彼此适应、取得平衡的过程。这也意味着，不是知识适应个人的同化，就是个人适应知识的顺应。同化时，外部知识通过选择、加工，整合到个人原有认知结构中，使知识实现量的积累。例如，小明初知胎生的动物是哺乳动物，当了解到羊、马的成长后，知道了羊、马是哺乳动物。顺应时，原有认知结构不能同化外部知识，从而产生新的认知，使知识发生质的改变。例如，小明知道鸭嘴兽是卵生的事实后，改变了哺乳动物都是胎生的认识，建立了哺乳动物并不都是胎生的新认识。

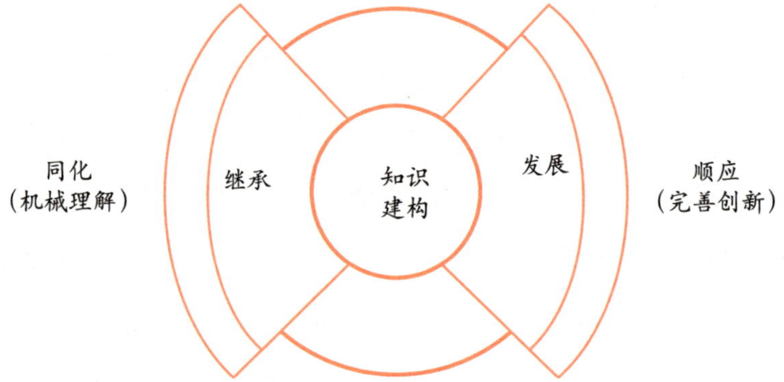

图 13　知识建构的两大策略

由此可见，“同化顺利，知识就会发生量变，同化不成，就会发生顺应，改变原有认知结构，增加新知识”（让·皮亚杰）。了解了知识构建的心理机制，再看知识构建的两大策略就相对容易了。

继承策略主要有机械记忆和理解性记忆两种方法。机械记忆就是采用简单重复的方法进行的记忆，不需要个人联系过去的知识经验，不需要对材料的意义进行理解。由于机械记忆简单易行，很多学龄前及低年级的孩子，基本是采用这种方法记忆知识。当然，一些不善思考孩子的机械记忆，可能会贯穿整个中小学阶段。

因此，基于死记硬背、反复强化的机械记忆，虽然对没有意义的数字、人名、地名等的记忆有一定帮助，但其费时低效，不利于新知识融入个人认知结构，不利于孩子对复杂材料的学习，以及高阶思维和能力的发展，极易导致孩子后期学习的困难。

理解性记忆是孩子获得知识的主要途径。相对于机械记忆，理解性记忆有目的、有方法、重效率。个人不只是纯粹的知识接受者，更应是知识的解读者。

尽管传授仍是中小学生获得知识的重要途径，但这种接受不该是死记硬背，而应是理解性的有意义学习。因为个人知识的建构，不只是对公共知识简单的量的积累，更重要的是通过对公共知识的理解，建立知识与知识、知识与个人之间的联系，实现向个人知识的转化。在教学过程中，经常有教师抱怨，上课该讲的都讲了，学生该记的也都记了，为何还是不会读书、不会做阅读理解呢？可能正是学习的非主动和非理解性，致使获得的知识是死的、孤立的、浅层的，无法实现迁移运用。

阅读力强的孩子，通常会更早地将阅读作为知识获取的主要方式，而不是仅依靠课本及课堂的知识传授。这种知识的获取方式，显然是基于理解思考的。孟子说:“思则得之，不思则不得也。”阅读求知的实质是对自己知识和经历的再次解释，以及用自己的知识和经历去理解新知识。中小学生阅读只有思考，才能理解和掌握公共知识，也才能将公共知识变成个人知识，进而借助知识的联系建构自己的知识结构。这既是中小学生获取公共知识的基础，也是建构个人知识的主要方式。

发展策略主要有补充完善和改造创新两种方法。个人知识构建除了对公共知识的继承与转化外，还在于对个人知识的补充完善。学校的知识教育本身是有梯度、成体系的，但这并不意味着每个人都能构建起个人的知识系列及体系。对于大多数人来说，他们的知识及其结构并不完善，要么陈旧过时，要么散而不联、残而不全等。此时，他们需要通过针对性地阅读补充完善它。例如，语文讲到《草船借箭》《景阳冈》《猴王出世》等课文，“快乐读书吧”就会推荐《三国演义》《水浒传》《西游记》等名著；不同学段的孩子在学数学时，会同步阅读该学段《数学真美妙》等学科类课外书。这些阅读都是对孩子已有知识的补充完善。除此之外，前面提到的碎片化阅读，也是对既有知识及体系的完善。

改造创新可以进一步发展原有知识及结构。当孩子被自我提高、自我价值、自我实现等内在需求强力驱动时，就不再满足于对基础知识的继承和完善。他们需要新的知识、解读，需要认知中的不同见解。一方面，他们需要在知识的学习体悟中纠正、改变，乃至推翻、抛弃以前的认知；另一方面，在知识不断联结、实践和反思的基础上，会产生新的知识和认知。这也是带有强烈个体性的知识，是知识构建的高级阶段。尽管它有一定难度，却是知识构建者的高阶目标。

知识获取不是拾人牙慧，知识学习更不是人云亦云，而是要建构属于自己的个体知识及体系。因此，知识建构不能止于机械背诵，不能满足于理解性记忆，而要走向完善和创造，要辨真伪优劣、补前人之缺、扩前人之见。对于孩子而言，要培养以下三种意识。

一要有主体意识，自觉、独立、负责地（有目的和计划等）构建知识，不被动、不依赖、不推责，因为知识构建是个人化、个性化的行为。

二要培养问题意识，在知识构建中，以问题为导向，善于发现、提出问题，敢于质疑、正视和解决问题，不盲信、不惧怕、不逃避，因为我们需要的是发现和解决问题的知识。

三要树立发展的意识，从动态的角度看待知识的迭代，要继承更要创新，因为新发展孕育新问题，新问题需要新知识。

二、知识联结的 3 个工具：思维导图、岛链笔记、配伍书单

随着学段提升，孩子对知识的记忆会从重复向回忆、组织、推理发展。尤其是长期记忆会越来越依靠阅读策略的使用。美国教

师斯蒂芬妮·哈维指出："在阅读者已知信息和新信息之间建立联结是学习和理解的核心。"联结作为助力读者知识构建、文本理解的策略，究竟是一个怎样的策略，又需要怎样的工具呢？

"我怎么总是记不住？为什么我就想不起来？为啥别人能旁征博引、融会贯通？"相信不少教师、家长都听过孩子类似的抱怨。是孩子学习不够勤奋、努力，还是没有全身心地投入背诵？在我们脑海中，可能不止一次地浮现过孩子摇头晃脑、捂耳抱头、举书狂呼般的诵读场面。

有人说，为何感觉脑力劳动变成了体力劳动，人性化的学习变成了机器般的重复。孩子一遍又一遍不厌其烦地重复着一个又一个单词、句子乃至篇章，似乎在宣示一个真理：激情、疯狂、反复地背诵是知识记忆的最有效途径。事实果真如此吗？

频繁地重复有效果吗？答案是肯定的，但可能并不是大家想要的。至少很多人认为它是低效的，尽管它能够帮助快速记忆，但很难让记忆持久。尤其是当用到时，知识经常会想不起来，更难以融会贯通。这就提醒我们，知识的牢固不是靠重复，而是靠关联；知识的贯通不是靠生吞，而是靠融会；知识体系的构建不是靠聚沙成塔，而是靠连线结网。在阅读过程中，有意识地通过联想，将与之相关的信息联系、结合起来就是联结。联结既可以是文本内部、文本与文本的关联，也可以是文本与自我、文本与世界的关联。联结发展于小学中低年级段，基础是个人经历和已知信息（背景知识），形成的能力称为联结力。

阅读策略是获取内容知识的工具。联结作为最基础的阅读策略，在知识构建方面有很多高效的具体工具，包括思维导图、岛链笔记、配伍书单等。

1. 思维导图。思维导图是中小学生阅读中最常用的工具，形式各样，包括树形图、流程图、鱼骨图等。对阅读文本中的知识而言，思维导图主要起到整理、理解和激发作用，归根结底是借联结加深读者的理解和记忆。无论哪种形式、作用倾向的思维导图，使用时都尽量遵循以下 4 个原则。

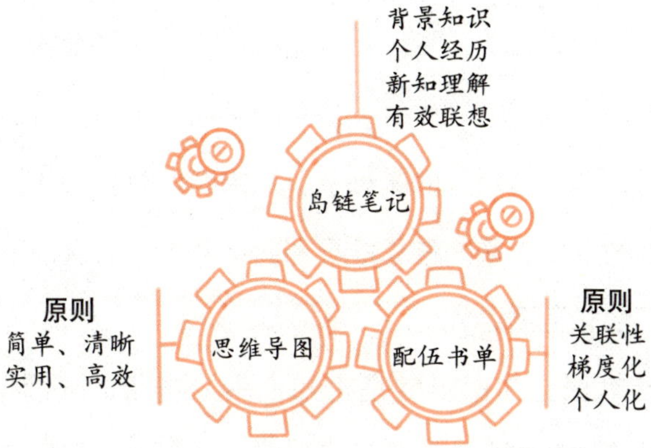

图 14　知识联结的 3 个工具

①简单原则。绘制思维导图的初心，就是希望通过直观、形象的图文替代朦胧、抽象的文字。所以，图文要简单，内容化繁为简，以核心词、关键词为主，力求精要；线条不要过多，不能繁杂。

②清晰原则。思维导图不仅能使书从厚变薄，还应让内容化乱为治，让知识关系明确、层次分明、条理清晰，让读者从庞杂的信息中明确各要素、各部分间的关系。

③实用原则。思维导图不是为了好看，而是追求实用。因此，家长没有必要让孩子追求线条的优美、色彩的搭配、字体的美观等，只要导图有助于知识的关联、整理，有助于孩子的理解、记忆，有利于知识的构建、调用和转化，对孩子便是最好的。

④高效原则。策略是追求效率、质量和效益的。思维导图作为策略性工具，同样追求知识记忆与构建的效能。这就要求孩子们在阅读求知时，务必考虑思维导图能否提高记忆效率、提升记忆质量、增加记忆效益。通俗地说，就是知识能否记得更快、更久、更多、更牢、更好（有利于知识的完善、改进和生成）。

图 15 是依据《作文有规律：我的小学创意写作课》（李凤敏、丘河编著）一书第三章制作的。该思维导图并不是对章节目录的简单变形，而是在内容理解的基础上，从审题对象、方法、要求角度对知识进行的重组关联。该思维导图图文精要、层次清晰，便于孩子理解、记忆和运用。

2. 岛链笔记。知识链就是将知识串成链条，进而形成网络。记忆结则是给知识打上结扣的记忆烙印，是联结知识的关联点。岛链是相对知识链更形象的一种说法，即将众多知识点比喻成孤岛，通过无形的链条将知识岛连接起来就形成了岛链。以岛链形式记录的笔记则是岛链笔记。

相对于思维导图的文本内部联结，岛链笔记侧重文本的外部联结，即文本与文本、文本与自我、文本与世界的关联。岛链的形成主要依靠联想的思维形式，即相关、相似、对比、因果联想。相关联想是根据知识在时间、空间、性质等方面的相同、相近、相关进行联想，又称接近联想；相似联想是由某知识想到与其或形似或神似或质同的知识，又称类比联想或虚实联想；对比联想则是根据知识不同或相反的情况进行或横向或纵向或纵横的比较，又称相反联想；因果联想是根据知识的因果关系产生的联想。以上四种联想形式适用但不绝对对应外部关联的三种类型。

用好岛链笔记，基础在背景知识、个人经历，关键在新知理解和有效联想。孩子的背景知识、个人经历越丰富，对新知的理解就会越全面、越透彻、越新颖，也就越容易通过联想建立更多、更有质量的知识关联。

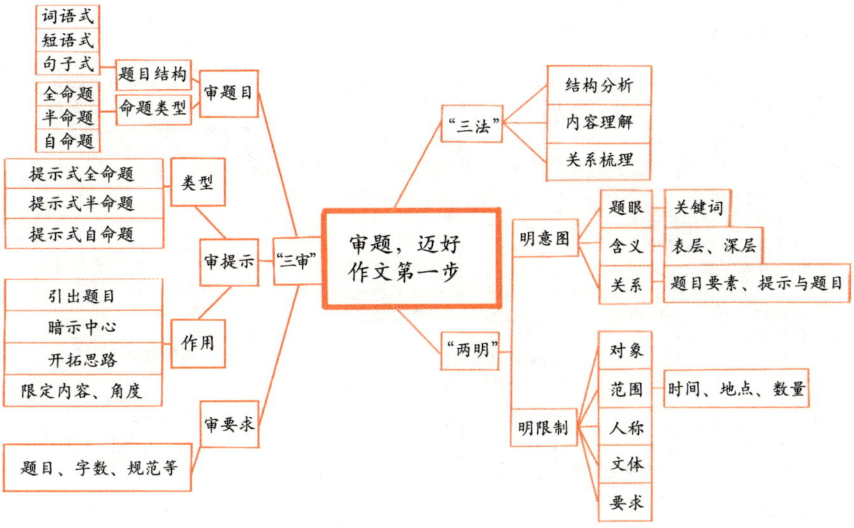

图 15 “审题，迈好作文第一步”思维导图

图 16 是依据《美国学生阅读技能训练》（珍妮佛 · 塞拉瓦洛著）第 7 章“7.16 故事可以教我们处理生活中问题”一节做的岛链笔记。图中左边一列是《三国演义》中的案例，是由文本中的策略知识联想到的，属于文本与文本间的关联，三个案例又由“张飞喝酒”或“张飞性格的粗与细”这一记忆结，或正向或反向关联。中间一列是文本与自我的关联，三个案例以“粗心大意”为记忆结进行联结，同时又与左边的案例进行关联，加深了孩子对文本中策略的理解和运用。右边一列是文本与世界的关联，联结点是文本中的具体策略。该图通过记忆结将孤立的知识岛联结成链（线），链与链之间又因联想而联结，使知识间的联系更紧、更牢。

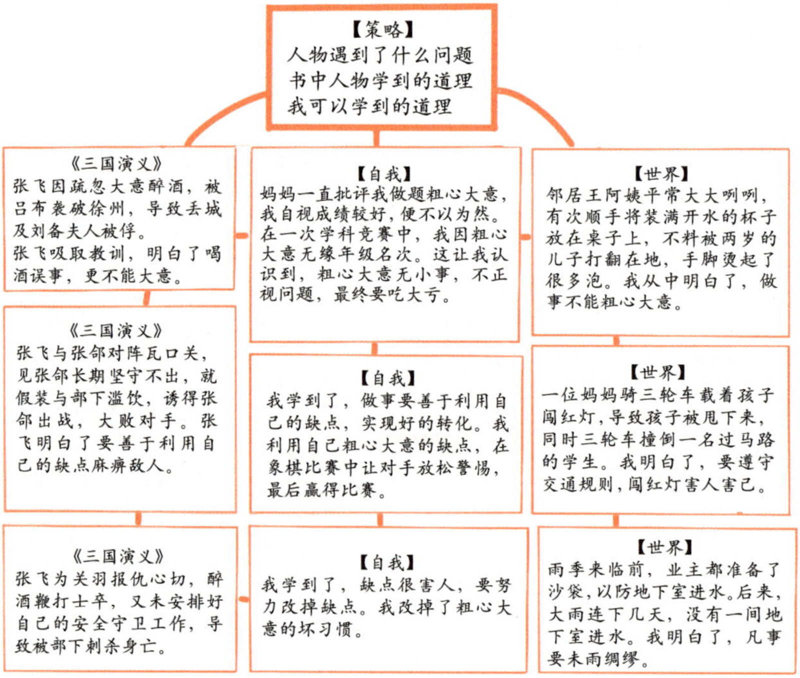

图 16 “故事可以教我们处理生活中问题”岛链笔记

岛链笔记作为外部联结的工具，其联结的有效性至关重要。按说，只要孩子有足够多的背景知识、个人经历，对新知有多元、深刻的理解，就能与文本、自我和世界建立各种联结。但这里联结的目的不是为扩充知识，而是为促进知识的理解和记忆。加拿大教师阿德丽安·吉尔在《阅读力：知识读物的阅读策略》一书中指出，“进行联结的目的不是谈论与自己有关的事物，而是帮助阅读者更好地理解故事或文本”，“将联结带回文本”，是联结能力中最本质的部分。所以，有效的联结应立足于文本新知，建立在“加深知识理解和记忆”的基础上。这也就意味着，家长要引导孩子尽量避免宽泛、无关紧要、无意义的关联。

3. 配伍书单。前面提到，个人知识体系的构建以整体性、系统化阅读为主，碎片化阅读为辅。其中，系统化阅读本身也是加强知识联结的需要。我们的知识构建需要更多的“知道”，但更需要“理解”的真知识。尤其是某些领域的知识，非系统阅读无以深度掌握。

前面提到图书选择要遵循阅读规律，考虑阅读目的、阅读计划和图书指标，图书搭配要依据读物的纵贯、横断、深向、动态联系。阅读目的不同，图书的搭配方案也不同。基于知识联结，构建条理性知识最好的方式就是以主题或顺序为线，以配伍书单为工具，进行循序渐进的谱系化阅读。

配伍书单可大可小，其制定完全依据个人知识联结和建构的需要。制定配伍书单要遵循以下 3 个原则：关联性、梯度化、个人化。

①关联性。知识关联作为加强记忆的手段，从某种角度看，也是在积累背景知识，同样需要主题阅读。首先，关联的图书有相同、相似的主题，是相互阐释、相互补充、相互参照的。这是知识关联和深度理解的基础。其次，确定你的关联点，即当下需要联结的新知。最后，从纵向、横向、深度、动态角度，确定高效关联的图书。

②梯度化。好的书单一定是有梯度、有顺序的，它既影响个人阅读的效果，又决定知识关联的路径：熟悉的知识←当下新知→陌生的知识。按照“三圈理论”框架，孩子要想联结当下知识，既可以从深度上寻找舒适区的熟悉知识，也可以到学习区连接陌生的知识。此时，家长要结合孩子的学段、能力，既不要塞给孩子太多舒适区的书籍（知识止于重复而不得深入），也不能盲目推荐危险区的书籍（知识无法产生有效联结）。

③个人化。现在的书单很多，但哪一个才适合自己的孩子呢？准确地说，当下流行的多为通用型书单，目的是服务于多数孩子通识教育的需要。基于个体知识联结的书单是个性化的，他人的书单仅可参考，关键还得依据孩子的个人需求来制定。

“李大钊”知识配伍书单

1.《李大钊“中华先烈人物故事汇丛书”》（王相坤编著，学习出版社）

2.《十六年前的回忆》（李星华著，长江文艺出版社）

或《回忆我的父亲李大钊》（李星华著，上海文艺出版社）

3.《李大钊传》（郭德宏、张明林著，红旗出版社）

4.《李大钊评传》（董宝瑞著，燕山大学出版社）

5.《致青春：李大钊散文诗歌选》（李大钊著，中国文史出版社）

以上是一位家长为六年级孩子制定的配伍书单。前提是，该学生学过课文《十六年前的回忆》，且看过电视剧《觉醒年代》、电影《革命者》，对李大钊充满敬仰，想深入了解李大钊及其精神。家长从有关李大钊的作品、传记、研究等几十本书中，精选了《李大钊》《十六年前的回忆》《李大钊传》等几本书。

配伍书单中，《李大钊》故事性强；《十六年前的回忆》或《回忆我的父亲李大钊》亲切鲜活；《李大钊传》的作者是非常权威的专业研究人员，权威性较高；《李大钊评传》作者为作家兼事李大钊研究，将学术性和可读性结合得较好；《致青春：李大钊散文诗歌选》是李大钊作品精选集，能反映其情感思想。该书单涵盖故事、回忆录、传记、散文、诗歌等，既有亲人写的回忆，又有研究者写的传记，还有本人的作品，角度多、关联性强、梯度明显，且契合孩子阅读需求。

最后，需要注意的是，无论是思维导图、岛链笔记，还是配伍书单，都只是工具与手段，归根结底是要通过联结深化理解、助力记忆和建构知识。因此，知识联结一定要基于明确的目的，追求实在的效果。

三、知识强化的 4 个策略：复习、检测、分享与应用

无论孤立的还是联结的知识，都会面临遗忘的风险。相信很多人都深有感触，当需要调用知识时，发现辛苦积累的东西记不起来了。那么，如何才能使孩子的知识得以不断强化，随时为自己所用呢？

一位周姓家长曾和我探讨过孩子的学习问题。她说，儿子一直在公办学校就读，但由于孩子自制力及学习自主性较差，成绩不理想，自己工作又比较忙，没时间辅导，就在去年转到了一所民办学校。一年不到，孩子就以不适应为由要求转回原学校。问其原因，说是学校管理太严格，尤其是周清、月考频繁，让自己压力很大。

我问孩子学习如何，她回答说确实比以前主动、积极了，成绩也明显提升。我建议她，应鼓励孩子努力适应和继续提升，转回来就有悖初心了。我理解她内心的矛盾，也明白她的纠结不安，但还是劝她，要认清现实，理解他人，相信自己，尊重选择。

我们很清楚，遗忘是必然趋势，没有人可以避免。所以，学习就必须尊重规律，而不是掩耳盗铃。对抗遗忘，我们可以采取复习、检测、分享与应用 4 个策略。

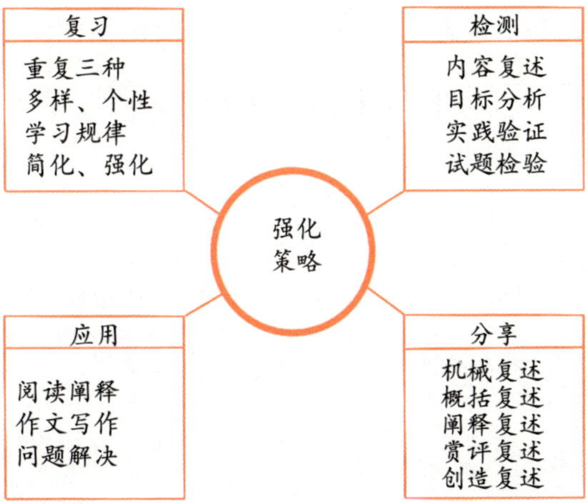

图 17　知识的强化策略

1. 复习策略。复习就是对以前的知识进行温习回顾，强化大脑对它的印象，使其更加深刻和牢固。

从某种意义上说，复习首先是重复，是对原有知识的识记、再认和再现。记忆是对遗忘或不牢固的知识进行重新识记；再认就是当原有知识直接或变相出现时再次认出来；再现是通过回忆在大脑中重现以前的知识。当然，复习效果的好坏，基于重复但并不取决于重复，尤其不取决于机械地重复。

其次，复习方法应多样化和个性化。复习的方法有很多，读、背、写、做、画、识记、再认、再现等。有效地复习往往不是单一方法的使用，而是合理融合两种及以上的方法。因为每种方法都有自己的优势，搭配使用可以实现优势互补，使复习效果最大化。至于说采用哪种方法，需要根据知识的类型、属性及个人的记忆情况来定。有的知识适合背诵，有的知识适合写和画，还有的知识适合做训练；有人知识遗忘比较多，可能适合重新识记，有人记忆力比较好，可能只需回忆再现。复习没有最好的方法，只有最适合自己的方法。

再次，复习要依据学习规律。很多人都知道德国心理学家艾宾浩斯的遗忘曲线，它反映的是人类大脑对新事物遗忘的规律。既然遗忘有规律，我们就可以利用规律，通过及时复习筑牢堤坝，对抗遗忘。

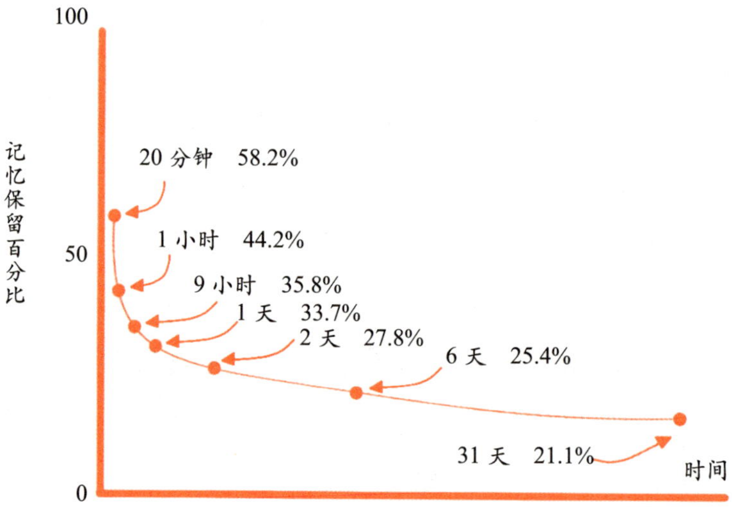

图 18 艾宾浩斯遗忘曲线

遗忘曲线告诉我们，遗忘遵循先快后慢、先多后少的规律，有相对的遗忘临界点。我们可依据该规律，结合所学知识性质、自身记忆情况，在知识学习后的一些遗忘临界点强化复习。比如，知识学习后的 30 分钟、12 小时、24 小时、一周等，进行多次复习。由于遗忘临界点是理想状态下的，因人而异，因知识不同而不同。所以，没有必要让孩子严苛遵循某个时间点，只需制订适合自己的复习计划，同时对计划的实施进行监控、反馈和调整即可。

有家长可能要问，分散复习和集中复习哪个更科学呢？很多人都经历过考前的集中复习，对此可能也深有感触：知识相对集中、系统，短期记忆量大，利于突击性应考。言外之意，集中复习不利于知识的长期记忆。从遗忘曲线也不难发现，分散复习则相对更及时、次数更多、更益于理解，也更有利于保持长期记忆。

最后，复习要简化知识和强化联结。复习除了重复，更要对知识进行整合、精加工和再联结。知识强化本质上是对知识的持久记忆。要想记忆持久，复习就要对所学知识去繁从简、去粗取精，抓住知识的要义，从根本上理解知识；就要梳理知识间的关系，为知识搭建框架结构乃至体系，使知识的联结更多、更牢。比如，以人物、情感等为线，梳理故事情节；以时间为线，梳理中国战争史；以“标志”“性质”“思想”“战争”等为主题串联相关知识。

2. 检测策略。不少人觉得，相对于复习，检测会毫不留情地对学习效果进行审判，戳中痛点，让人在背负沉重压力的同时，甚至将自尊心击得粉碎。实际上，孩子在学习上承受的压力和自尊，与是否检测及检测的频率没有必然关系，只与个人的学习效能有关。如果孩子能够客观认识自我、理性对待结果，坚信学习是为提升，而非横向竞争，压力和自尊就不会成为问题。

要知道，深层次、高质量的学习从来就不是轻松的，始终充满艰辛和挑战。因此，与其说将“周清”“月考”视为考试竞争，不如说是孩子对知识能力的检测与强化，对学习的复盘与反思。你会发现，一旦失去适时检测或分散复习，不但家长、孩子不清楚学到了多少，就连教师对教学的效果也没了底。

检测给知识链打上记忆结，是强化记忆的有效工具。它至少有以下四大作用：一是对知识能力有客观真实的评价，对自己有清醒的认知，避免因熟悉而产生掌握的假象和盲目的自信；二是检测带动复习，同时又是对知识的精准调用，会强化新知与已知的关联，加深记忆；三是检测具有更强的主动性、目的性和针对性，内驱性动力加上量化的成绩，会使知识的强化效果更好；四是检测可推动知识的多元化、深层次学习，加深知识的理解，促进知识的运用。

对于知识强化来说，有规律的、间隔性反复检测，绝对是一种高效的策略。它不局限于考试，尤其是被动的考试，而倾向于自主的、反思性检测，包括内容复述、目标分析、实践验证、试题检验、问题求解及相互提问等。例如，读完一本书后，你可以对该书的主要内容进行复述；对预设的阅读目标完成情况进行分析；还可以通过生活实践，验证知识的正确性、有效性、完整性；通过做相关试题检验自己的知识掌握情况，等等。

3. 分享策略。说到强化知识，除复习与检测外，可能很多人都会想到读书笔记。实际上，孩子写读书笔记尤其是读后感的效果并不理想。一方面，写的目的不明确、缺乏指导性、时间难以保证；另一方面，写读书笔记有较高的要求。美国教育家莫提默 · J. 艾德勒认为，读书笔记对孩子的阅读能力、阅读经验、写作能力有一定要求，建议到初中后再实施。写读书笔记建议遵循简单、自由、实用的原则（如思维导图、岛链笔记），不求笔记的复杂、优美、规矩，不为感而感，不为记而记。

相对于写读后感，莫提默 · J. 艾德勒认为，阅读分享更重要。如果说，读后感是对知识的总结反思，那分享就是对知识的深加工。因为分享首先要对知识进行回顾、梳理，达到熟悉、理解的程度，接着进行整合、反思甚至改造，最后还要考虑如何表达。所以，分享不仅能强化知识记忆，还会让知识理解得更深刻和全面。樊登曾将讲书视为最有效的沉浸式学习法。美国缅因州国家训练实验室的研究成果“学习金字塔”也显示，同样是学习方式，“教授给他人”会让学习者记住更多知识。由此可见，无论讲书还是传授给他人，都表明分享策略对知识的强化作用。

从内容上说，家长可以引导孩子从微观角度，针对某个人、事、物等具体的知识点，进行个别的部分性复述；还可以引导孩子从宏观角度，以整个知识面、知识体为对象进行整体性复述。从形式上说，家长可以引导孩子以双人或多人交流探讨为形式，进行双（多）向型知识分享，还可以鼓励孩子尝试以讲解、演讲为主的中心型知识分享。

从层次上说，家长可以根据孩子的能力水平，引导孩子进行记忆为主、忠于本原、照本宣科的机械性复述，或进行经过选择、提取、归纳、抽象的概括性复述，或进行经过理解、推理、创意的阐释性复述，或进行经过鉴赏、评价的赏评性复述，或进行经过联结、改造、生成的创造性复述。除机械性复述外，以上复述本质上都是对知识的分享，是基于记忆、思考和联结的知识深加工。

4. 应用策略。前面提到，阅读的宗旨是“用而求学”和“学以致用”。应用作为阅读的最终归宿，既是知识融合的重要途径，也是知识强化的主要策略。实际应用可以让知识使用一辈子。对中小学生而言，应用的主要形式包括阅读阐释、写作文和问题解决。

阅读阐释是知识最自然的强化形式。儿童读写研究者珍妮佛·塞拉瓦洛说，要帮助孩子沉浸在书的海洋里，享受阅读带来的乐趣，就必须让他们理解书的内容。从知识角度来看，理解书的内容就是结合文本和原有背景知识。特级教师郑文富曾说：“以书解书，以书化书，就越会读书，阅读水平越高。”相对于复习、检测、分享，以背景知识阐释阅读新知会更自动、自然，完全是真实的阅读需要。为更好、更及时地强化知识，家长可引导孩子有针对性地阅读。例如，先阅读百科知识、漫画知识、科普文学、探索笔记等知识类书籍，再阅读与以上知识相关的专业性书籍；先阅读基础的入门类书籍，再阅读较深的主题类书籍。以上两种阅读方式，均可通过知识的频繁调用，达到以书解书、以书化书的目的，同时实现对知识的不断强化。

写作是对知识的内化性强化。一个人对知识是否掌握并精通，写作是最好的验证方式之一。因为写作中对知识的调用，是基于对知识的精准理解，也是对知识的再度联结和迁移使用。如果不是“拿来主义”地盲目套用，此时的知识已经是实现了内化的个人知识。通过写作强化知识虽效果较好，但对孩子而言并不是一件容易的事。因此，在小学阶段，家长可鼓励孩子尝试直接借用积累的词句，以仿其形为主；在中学阶段，家长可鼓励孩子间接化用积累的词句，以摹其神为主，逐渐走向知识活用。

问题解决是对知识的实践性强化。世界上不存在没有意义的知识，任何知识都以某种目的或为解决某个问题而存在。知识以实践为源头，也以实践为归宿。实践生成了初级形态的经验性知识，也孕育着高级形态的理论性知识。同时，也是对知识的检验、强化与发展。尤其是以问题解决为导向的实践，给知识打上了体验性、情景化、个性化的标签，让静态单调的知识有了活力和魅力，有了价值和意义。家长可有意引导孩子，运用所学知识去解决学习生活中的问题。例如，利用积累的自然知识和社科知识，去解释自然界或社会中的常见现象；利用学到的技能知识，去解决生活中的操作性问题；利用掌握的社交礼仪知识，去处理日常的人际关系；利用学到的情绪管理知识，去疏解自我或他人的心理压力等。

第三节　建构我的“核心知识体系”

郑永年教授说，知识体系是最强软实力，只有拥有了自己的知识体系，才会拥有真正的原始创造力。那么，对于中小学生来说，应该拥有怎样的知识体系？尤其是阅读理解核心知识体系，又该如何去构建属于自己的核心知识体系？

一、我需要建立什么样的知识体系

孩子的每一次阅读，都是对自己的投资。构建怎样的知识体系，将会成为怎样的自己。对孩子而言，碎片化的知识积累远远不够，需要一幅由大量自带生态位和方向感的知识点联结而成，有核、有序、有容、有自我的完整地图。

常有初中生家长反映，孩子读不懂文学类文章，尤其是文章中涉及的背景知识，让孩子觉得有距离感。为此，我调查了10位面临同样问题的初中生。结果显示，孩子的阅读更多是出于个人喜好，这使得侦探推理、武侠、言情、玄幻、校园等类型小说颇受欢迎，至于课本推荐的国内外名著，虽迎合学生的应考需求，但阅读效果并不好。

实际上，以上几类作品在初中文学阅读考查中，除单独设题的名著阅读外，是极少涉及的。尤其是占文学类文本67.7%的散文作品并不受初中生青睐。学生的阅读既未顾及挚爱亲情、生活感思和人性光辉等常考文学主题，又未关注冯骥才、李汉荣、贾平凹、毕淑敏、迟子建、余显斌、肖复兴、包利民、宗璞等常考作家作品，没有体验那些时代的生活，所以阅读这类文章就难以理解。如果从应考角度看，这就意味着初中生缺少以上中老年作家们所处时代的背景知识。

从以上案例可见，初中生可建立有关常考作家及作品的时代背景知识，如救亡图存的抗战文学、反思乡土文化的寻根文学、讴歌改革开放的改革文学，以及关注反腐倡廉、扶贫攻坚、乡村振兴的新世纪文学等背景知识。通过阅读相关作家的作品，孩子就会建立起一个小的个人知识体系。

对中小学生而言，由于各领域知识太过庞杂，阅读时间有限，每个人知识体系又各不相同，所以知识体系构建就必须有所依据。合理、有效、强适应性的知识体系，具有核心性、关联性、自适性、实践性和开放性等共同品质。

1. 核心性。知识体系是具有结构和比例的知识组织形式。核心性是知识结构层次的主要特质。也即说，个人知识体系的构建具有从低到高、从浅到深、从核心到外围的特点。从低到高、从浅到深是个人认知的规律，从核心到外围是知识体系的重要特点。核心知识就是居于中心圈层的主要知识，是具有高度浓缩和无限生发力的知识，是个人知识体系的关键。它统领着其他次要知识、相关知识、边缘知识等外围知识。

此外，知识的核心性影响着各类知识的比例。日常阅读中，经常有家长反映，不清楚孩子应积累哪些知识，各类知识该积累多少。尽管每个阶段有阶段性核心知识，但每个人也有个体核心知识。阶段性核心知识，课内教学有较好的把握，个体核心知识则需要家长特别关注。家长可引导孩子先确定要构建的核心知识目标，然后依据关联的强弱原则，围绕核心知识安排其他次要、相关等知识的数量比例。强调知识的核心性，目的在于倡导以较强的目的性和选择性，构建个人核心知识体系，提高个人关键知识的学习和应用效能。

2. 关联性。英国教育学家托尼・斯托克威尔说："如果你想记住任何东西，你要做的一切就是将它与已知或已记住的东西联系起来。"关联性是个人知识体系最基本的特征。知识因关联而牢固、融合与再生，因关联而成线、成面、成体。你可以这样理解，个人知识体系就是多层、关联的结构化知识。它可以是横向贯通式的知识关联，也可以是纵向发展式的知识关联，还可以是深度层级式的概念关联。深度的概念关联是建构知识体系的高层关联，它是内在的、抽象的，是个人深度思考的结果。因此，相对于具象的知识积累，理论学习容易形成个人知识体系。此外，个人知识体系追求关联的质量和意义，即知识的关联要基于明确的目的性和联结的有效性。

3. 自适性。个人知识体系建构的最大难题，不是从哪里获取知识，而是不知道该储备哪些知识。你也许会有同感，专家推荐的书自己不喜欢，跟风积累的知识杂乱无章，盲目积累的知识无用武之地。那么，到底什么样的知识才是个人知识体系的构建所需？《超级学习：知识体系》的作者吴建平认为，知识体系构建具有明确的目的性，是有意识的积极行为，且通过解决实际问题实现个人认知系统的融合。这也即说，构建个人知识体系不是盲目、被动的，需要以个人的目的为动力，同时借助有效的策略方法及实践来实现。

对中小学生而言，除必备的阶段性学科知识外，个人知识体系构建应以兴趣为导向、实用为主线。作为家长，务必要清醒：没有绝对普适的好书，更没有必看必读的人生必备书，只有适合孩子自己需求的书。尤其在知识极度丰富、更新迭代加速的当下，没有哪些知识是所有人必学的，也没有哪些知识是绝对有价值的。只有适合孩子自己的知识，才是最有意义的。因为无论大家学习和掌握哪些公共知识，最终都要经过个人的理解加工、关联内化，变成个人知识体系的一部分。最终，每个人的知识体系都是不同的。因此，你要构建的是契合个人兴趣、符合自我需求的知识，是能够为自己所用，解决个人学习和生活中问题的知识。

4. 实践性。前面在“应用策略”中已强调，知识以实践为源头，也以实践为归宿。任何知识都以某种目的或为解决某个问题而存在。实践不仅是知识的特性，也是个人知识体系得以构建和持续优化的动力。无论是有用之用，还是无用之用，抑或近期之用、远期之用，对个人而言，有效的知识体系一定是有用、可用、易用，甚至好用的，即它有使用价值、能够解决问题、容易方便操作及用的效果好。如果构建的个人知识体系不能为你所用，那它就是无效的。

例如，某五年级同学对演讲非常感兴趣，于是通过阅读书籍、观看视频及结合自身体验，构建了有关演讲的个人知识体系。后来，该同学凭借个人知识体系，不仅在各级演讲比赛中多次获奖，还指导本班多名同学学会了演讲。同时，他还在某社会组织举办的演讲比赛中担任评委一职，对选手的演讲做出精彩点评。

5. 开放性。首先，知识是动态发展的。知识尤其是核心知识虽然相对稳定，但其随着时代的发展，依然在不断地发生着变化。建构主义更是强调知识的情景化和解读性。注重过程、体验、感悟和思考的个体知识，显然更具主观性、情境性和变化性。所以，它是动态发展的，是不断进化的。

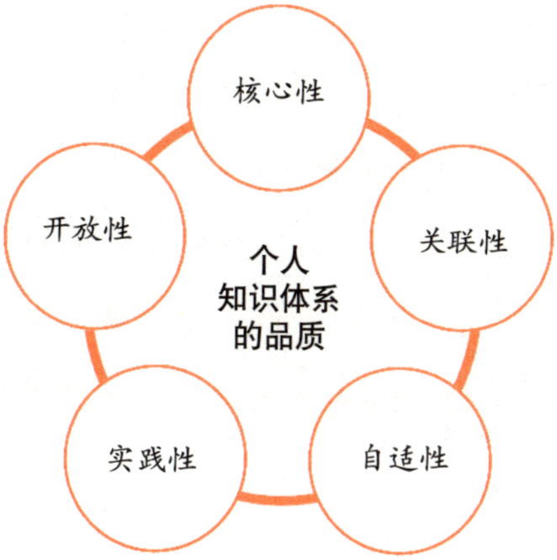

图 19　个人知识体系的品质

其次，个人知识体系是开放的。旧知识被抛弃、改造，与新知识联结、融合乃至生成，这不仅是知识学习的过程，也是个人知识体系构建的过程。在这个过程中，个人知识体系随着个体认知的发展，不断得到修正、优化，进而趋于合理、完善与高效。因此，个人知识体系从来不是静止、封闭的，而是动态、开放的。

二、核心知识体系建构的“6 个步骤”

比尔·盖茨说：“一个没有知识体系的人，就像旅行者没有地图。”对很多家长和孩子来说，建构个人核心知识体系是一件陌生的事。但对一些具有高认知水平的人来说，则是人生的必备工作。尽管构建行为本身是一项复杂的工程，但其并非不可捉摸、无法操作。相反，个人核心知识体系构建不仅有具体的策略方法、可视化的工具，还有着明确的流程、步骤。

石家庄一位家长在和我探讨孩子阅读时提到她儿子比较喜欢阅读，小学五年读了 600 多本书。尽管几年前我就看过《人民日报》对江苏昆山玉峰实验学校阅读的报道："30% 的学生小学 6 年下来能读完 1700 本书，绝大部分学生阅读量达到了 800 本。"但当听到这位孩子的阅读量时，我还是由衷地竖起了大拇指。

然而，家长并没有因孩子的高阅读量而兴奋。相反，她觉得孩子的阅读太杂、太乱，什么都读，从来都没有目的、没有计划，完全凭自己的喜好，以至于知道的不少，但多是蜻蜓点水、一知半解。同时，她也承认，自己也不清楚孩子该读什么，该如何读，只要孩子要的，基本会买回来。作为阅读的支持者，她表示越来越感到迷茫，尤其是对杂乱无章知识积累的焦虑，让她不止一次地反思，但终不得其解。

案例中家长的焦虑，也是很多家长所面临的。个人核心知识体系构建需要以大量阅读为基础，需要阅读知识和经验的支撑。但过于杂乱的随意阅读，无计划、无目标的大量阅读，对个人知识体系构建的效果是有限的。一方面，个人核心知识体系构建是有目的的强意识行为；另一方面，个人核心知识体系构建需要阅读策略、工具的参与。此外，大量阅读不仅需要时间、精力、资金，还需要有效的阅读指导。玉峰实验学校的成功，首先有"传统的默写、背诵、算术等作业减少 70%"作保障，其次有市教育局、校方的锐意改革，更有特级教师高子阳等的引领指导。然而，对于绝大多数家长和孩子来说，寄望通过海量阅读自然地构建个人核心知识体系显然是困难的。

个人核心知识体系构建需要操作技能、心智技能的参与，所以离不开程序化的流程和策略化的工具。这不仅是个人核心知识体系构建行为的需要，还是个人核心知识体系质量提升的需要。个人核心知识体系构建可分为 6 个步骤：明确需求→制订计划→知识获取→整理存储→实践应用→内化创新。

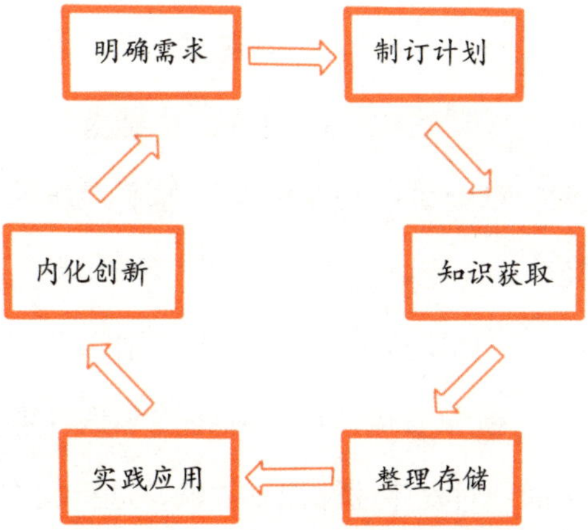

图 20　个人核心知识体系的构建

1. 明确需求。个人核心知识体系是由若干个子知识体系构成的。构建伊始，需要先确定知识体系构建的领域或主题，而后将该知识体系的目标层级分解，使其具体化、清单化。例如，孩子要建立作文写作方面的知识体系，可先将目标分解为审题立意、文体选择、选材加工、谋篇布局等小目标，再进一步将审题立意分为审题和立意，将文体选择分为文艺文和实用文，将选材加工分为选材和加工，将谋篇布局分为开头结尾、层次段落、线索顺序、过渡照应等具体知识清单。

2. 制订计划。明确具体目标后，就要着手制订知识体系构建的计划。计划的制订要基于自身需求、原有知识和能力，合理地安排时间、内容、方式和方法。例如，孩子要为作文写作知识体系制订计划，首先要依据自己的具体需求；其次要考虑自己原有的作文写作知识和能力；接着就可以制订远期、中期、近期的阅读计划，选择阅读、听课等合适的渠道，或不同层次、类型的书籍，以及主题法、线索法、精读法、略读法、学练结合等方法。

3. 知识获取。根据建构知识的特征及需求，你可以选择图书阅读、观看视频、聆听讲座、探讨交流等不同途径，选择机械记忆、理解性记忆、补充完善、改造创新等策略方法，获取多元、丰富、深刻的知识。例如，孩子要获取作文写作知识，可以选择系列视频课、作文技巧指导书籍；可对陈述性知识（事实、概念、命题）进行理解背诵，对程序性知识（技能）进行操作练习；还可结合自身写作体验、名家写作指导、写作理论书籍，对获取的知识进行补充完善。

4. 整理存储。初步获取的知识通常是残缺、孤立、零乱的，知识不完整、关联性差、不成体系。这时就需要对获取的知识进行必要的整理。首先，要对知识进行筛选，选出核心、相关、精要的知识，剔除无关紧要、无价值、陈旧的知识；其次，要按照具体目标或主题对相关知识进行分门别类，厘清知识的性质归属；再次，还要依据知识的核心程度、价值高低、层次深浅等，对其进行排序；最后，可以利用思维导图、岛链笔记等工具，联想、分析等方法，建立知识间的横向、纵向和深度联结，增强知识的关联性。

把握概念、定义是知识体系建构的重要途径。概念、定义作为人们对同一类事物的属性和特征的抽象、概括的反映，具有解释、分类、推理等作用，是知识体系构建的核心要素。从新知识中提取关键概念，并将其与已知联系起来，能更好地掌握复杂的知识。因此，我们还需对整理出的知识进行概括、提炼，尽可能抽象出概念术语，以统领、贯通其他知识。例如，在作文写作知识学习中，发现材料与主题要统一、结构与文体要统一、思维与技法要统一，由此抽象出统一律；发现表情达意要合文体、合语体、合大体，由此抽象出合体律；发现结构行文要虚实结合、主次详略、尺水兴波，由此抽象出变化律。

整理好的知识还需及时地存储，不然很容易遗忘。这里的存储一般包括笔记记录和大脑记忆。笔记记录是基础，大脑记忆是根本。在现实学习中，二者经常会相互补充。尤其当知识量过于庞大时，为避免知识的混乱和遗忘，我们常会拥有多个笔记本。这些笔记中的知识尽管还未植入记忆，但充当着记忆的触发器，随时可能激发记忆或被记忆关联和调用。当然，恰当地运用复习、检测、分享等策略，也有助于强化知识的记忆和存储。

5. 实践应用。实践应用既是知识体系建构的最终目的，也是对知识体系正确性、完整性和有效性的验证。不正确则修正或抛弃，不完整则补充和完善，效果差则重构联结与组合。包括分享、教授他人、阅读阐释、作文写作和解决问题等在内的所有实践应用，都可以成为检验个人知识体系的手段。例如，孩子学习了阅读或写作的相关知识，尝试在实际的阅读写作中运用，对知识而言既是检验又是强化。

6. 内化创新。知识只有内化为隐性知识，才能被真正理解和掌握，才能融入个人知识体系，也才能具备生长力，产生新的思考、观点和理念。此时的知识体系才是真正个人化的、属于自己的。例如，我在对文章学、写作学、作文学及心理学进行研究后，发现了作文教学的本质规律，由此将动力、知识、技能、写作、分享、倾听、阅读、修改、评价、发表、感悟等融为一体，提出了“指导（动力激发、知识技能讲解、思维拓展）－写作（初稿、校改）－评议（阐述组评、师评打分）－修改（二稿、校改、作后感、教师打分）－讲评（组员讲评、教师讲评）－发表”的“六步过程写作教学法”，使作文的教与学变得更高效。

个人核心知识体系建构虽然是一个漫长的过程，但建构越早、质量越高，你的选择权就越大、机会就越多，人生就越拥有主动权。然而，这并非要你进行短、平、快地集中知识灌输。相反，有目的、有计划、有策略的浸润式塑造会更有效。

三、阅读理解的核心知识体系是什么

如果说个人核心知识体系是一张大的地图，那么阅读理解核心知识体系就是一张小的区域图。教育家切尔韦蒂指出：“知识体系的建构是阅读理解教学的新前沿。”针对中小学阅读理解，孩子们该建构怎样的核心知识体系呢？

郑州的一位家长在为孩子暑假班选课时犯了愁。她收到朋友推荐的两个课程：一是研究生带的古代文学素养课，价格较低；一是本科生带的阅读能力提升课，价格偏贵。纠结于教师学历和课程价格，使得她陷入选择两难的困境。

实际上，选择的关键不在教师学历，也不在课程价格，而在孩子适合哪个课程。对于五年级的学生而言，他的需求大小与知识的核心与否才是选课的重要依据。结合家长的分析可知，孩子的阅读成绩相对薄弱，存在看不懂文章和试题、不知该如何解题和答题、阅读理解训练低效等现象。

由此，不难做出判断，相对于古代文学这类外围知识，阅读理解就是核心知识了。前者适合阅读上学有余力的孩子，后者则是阅读上力不从心的孩子的必修内容。

艾瑞克·唐纳德·赫希教授指出：“要提高学生的阅读理解能力，就必须加强系统的知识建构。”学生阅读理解不好，尽管各有各的原因和表现，但根本是相通的，即没有建构起阅读理解的核心知识体系。知识的残缺、琐碎、凌乱、孤立，甚至片面、错误，导致问题解决不得要旨、不能深入，最终治标不治本。这里的阅读理解核心知识，采用的是涵盖陈述性知识和程序性知识的广义知识概念。

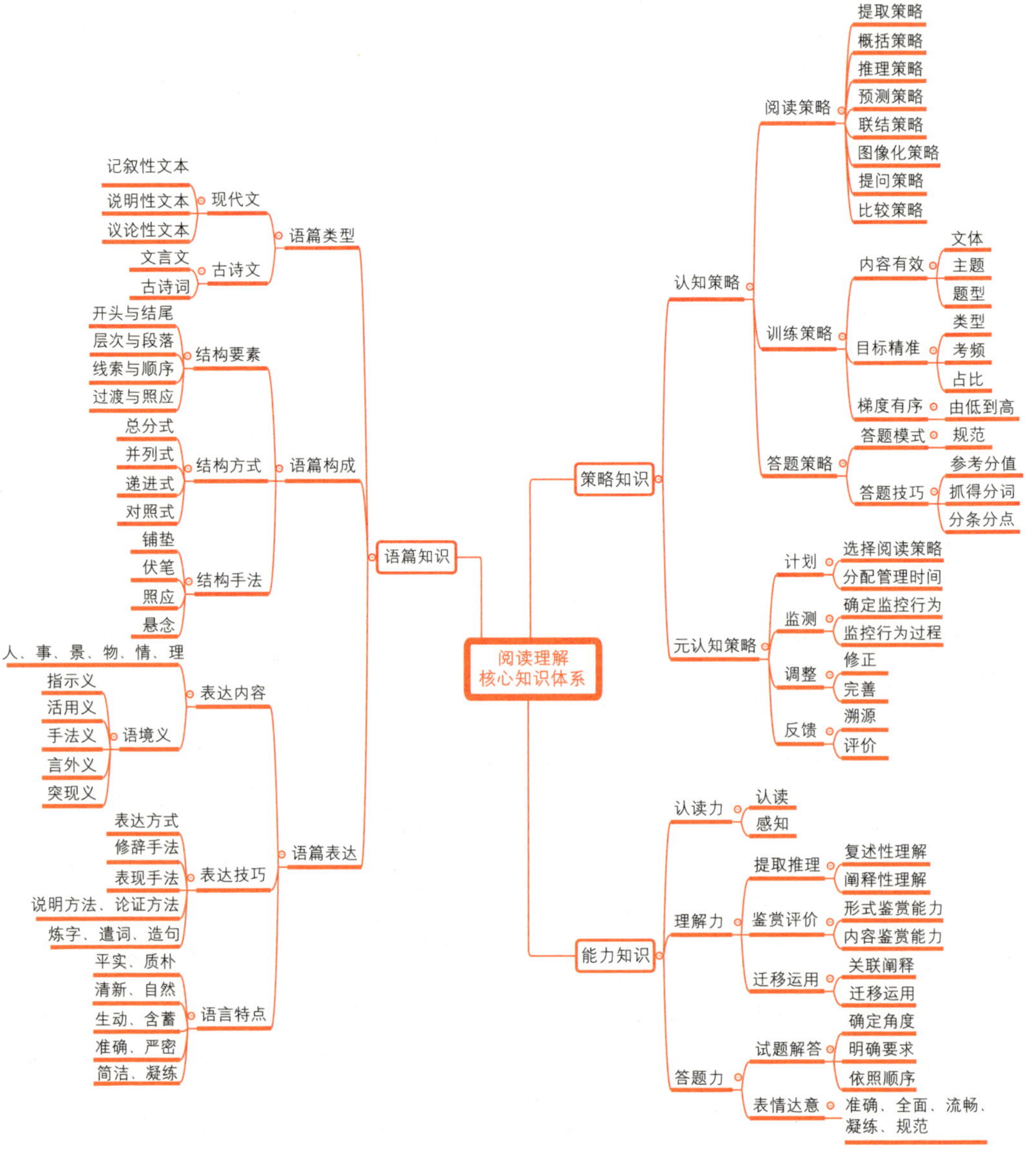

图 21　阅读理解核心知识体系

尽管核心是相对的，但我们仍需要这样一幅小的区域图，以便明确知识的轻重缓急，更高效地掌握和运用知识。下面我们将对图 21 中的核心知识分别加以介绍。

语篇知识是语言知识的重要组成部分，包括语篇类型、语篇构成和语篇表达。语篇类型就是文章的文体性质，如侧重写人记事的记叙性文本（包括散文、小说、传记等），侧重事物介绍、道理阐释的说明性文本，侧重论述事理、表达观点的议论性文本，还有文言文和古诗词等。这些文体本身涉及的相关知识既是基础的，也是阅读理解必备的。语篇构成即语篇结构，包括结构要素、结构方式和结构手法，是文章谋篇布局的重要内容。语篇表达是作者在特定语境下，借助语言进行表情达意、介绍说明、说理论证所采用的手法技巧，及其在内容和形式上产生的结果和表达效果。尤其是各种表达技巧，是需要中小学生重点掌握的知识。

策略知识是确保阅读理解任务顺利完成和效率提升的智力技能。在阅读理解中，策略知识包括阅读策略、训练策略、答题策略在内的认知策略和元认知策略。阅读策略主要体现为预测、联结、图像化、提问、比较、提取、概括、推理等。训练策略知识是基于命题规律和训练规律而建构的知识。比如，训练要考虑文本的体裁、主题和题型，以确保训练的内容有效；要结合试题类型、题型考频及考查占比，以确保训练的目标精准；要了解试题的能力梯度，从易到难依次训练和提升。答题策略知识是阅读理解作答的技巧、方法性知识，其目的是提高答案的质量。例如，作答时要依照相对固定的答题模式；要参考试题的赋分分值，确定答案要点的多少和作答的详略；要分条分点作答，避免一条答多点，或多条答一点，甚至要点混淆不清。元认知策略是认知中的高阶思维，在认知发展中处于核心地位，制约和促进着阅读理解能力的发展。

能力知识指阅读理解的专业性知识，包括认读力、理解力和答题力。认读力是读者能够扫清字词、数字、标点、图表等阅读障碍，在有限时间内顺利完成文本阅读和整体感知的能力。认读力要求读者能够读得通、读得完、读得明白。理解力（广义）是阅读的核心能力，是阅读理解核心知识的核心，包括复述性理解、阐释性理解、赏评性理解和运用性理解。答题力是指学生解答试题、表情达意的能力，不仅要明确答题要求，把握答题角度、方向和顺序，还要确保作答准确、全面、流畅、规范、凝练，实现答案不错、不漏、不滞、不乱和不重复。

在阅读理解中，核心知识是关键，非核心知识是基础。现实中，那些掌握策略技巧的学生也经常会出现做不好阅读理解的现象。该背的知识点背了，该记的公式记了，该练的题也练了，但最后还是考不好。难道是学习不够努力，还是“刷题”量不够大？耶鲁大学萨莉·施威茨教授说：“词汇量和背景知识的深度、宽度决定理解文本的程度。”很有可能是你的语言知识不够扎实，背景知识不够丰富。阅读理解归根结底是对不同语境下语言运用的考查。也即说，阅读理解的本质是解码和交流。由此可见，语言知识和背景知识是阅读解码的基石，构建共有认知语境（语言知识和背景知识）会让我们的解码、交流，与作者的编码、表达更趋向统一。

语言知识是阅读理解的先决条件。想要对文本有更好的解读，就要明白作者是如何进行编码的，即作者如何选用字词、组织句子，如何关联信息，又如何通过写作技法表情达意、阐释说理的。例如，作者精心选用动词、形容词使表达更准确、生动；使用押韵、叠词来增强语言韵律感和节奏美；用词的褒义贬用使表达幽默讽刺、妙趣横生；用反问句、设问句、感叹句，使表达富有情感和思考；用倒装句、长短句、整散句使句式富于变化、节奏感得以增强；用谚语、歇后语和惯用语，增强文章的趣味性、可读性和说服力，等等。语音、词法、句法等语言知识具有很强的规则性，有效掌握才能精准解读。

背景知识是沟通交流的桥梁。背景知识的多少，直接影响一个人的阅读能力，进而影响对文本的解码和交流。每个人的背景知识虽不相同，但针对性的背景知识积累则可更好地理解相关文本。例如，前文建议初中生可建立有关常考作家（如冯骥才、李汉荣、贾平凹、毕淑敏、迟子建、余显斌、肖复兴、包利民等）及作品的时代背景知识。经常读这些作家的作品或有意积累其时代的知识，有助于我们理解文本和作者的思想感情。这就好像我们要学习一篇课文，应该先了解作者的生活经历和写作的时代背景，目的就是建立共同的背景知识。

阅读方法是阅读理解力提升的手段。要理解先要会阅读，而朗读、默读、精读、略读就是教你如何阅读的方法。阅读方法的学习和运用贯穿整个中小学，尤其是小学阶段是阅读方法学习的关键期。例如，小学低年级段要学习朗读，中年级段要掌握朗读，高年级段要能熟练运用朗读，要能读得正确、流畅、有感情；小学中年级段要学习默读、精读和略读，高年级段要能够掌握；小学高年级段开始学习赏读和研读，初中段要能够掌握。作为程序性知识，阅读方法的学习运用是一个“学习、掌握、熟练、精通”的过程。因此，要抓住关键阶段学习阅读方法，利用一切机会运用阅读方法，让阅读有法，理解有效。

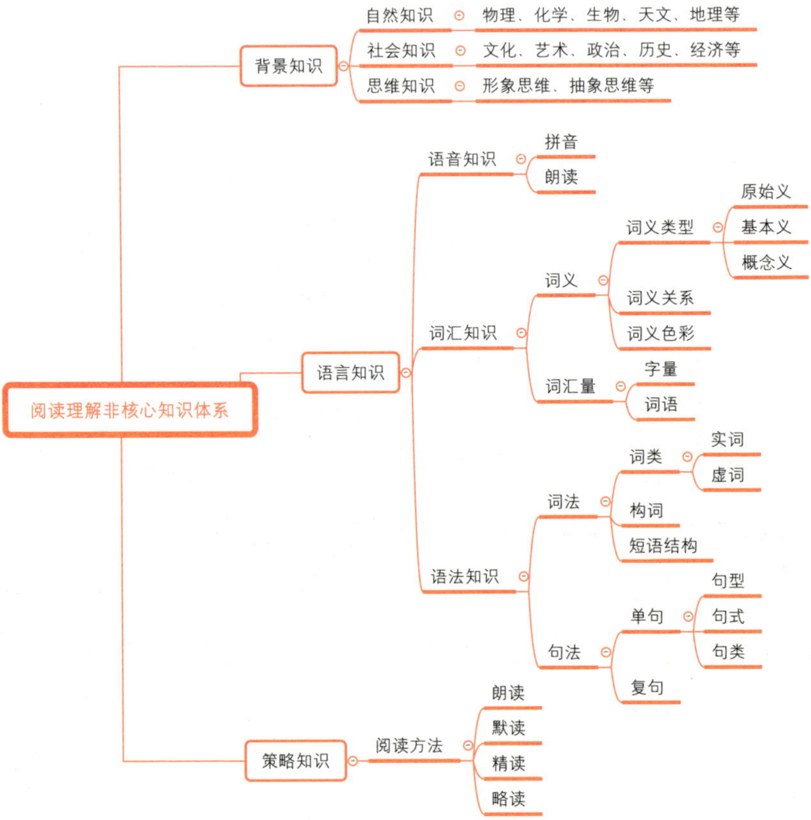

图 22　阅读理解非核心知识体系

阅读理解是一项综合能力，其成绩的提升是诸多因素共同作用的结果。很多家长和孩子不清楚阅读理解的问题所在，主要是因为对其没有系统的认识。阅读理解需要哪些知识，考查哪些能力，阅读、作答有哪些方法、技巧，训练、提升又有哪些策略，等等。对于这些，家长和孩子只有胸中有框架，执行起来才能有的放矢，精准而高效。

第三章

策略方法，
成就高效阅读者

第一节　会读，才能高效地读

我们的孩子是否真的会阅读，是否掌握了必要的阅读技术，具备真实、稳定的阅读能力？作为家长，我们有必要认真思考以上问题，同时清楚自己孩子所处的阅读层次。

一、孩子真的会读书吗

读书谁不会？你可能对这个问题很不屑。读了那么多年书，难道自己还不会阅读吗？此刻，你不妨扪心自问：自己和孩子真的会读吗？

在一场“让孩子爱上阅读”的主题读书会上，主持人问了这样一个问题：你觉得自己的孩子会读书吗？请说明理由。我记录了以下六位家长的发言择要。

家长A：会。孩子每天都能完成30分钟读书打卡。

家长B：会。孩子喜欢买各种书，也喜欢看各种书。

家长C：不会。孩子不愿读书，经常是家长催着、看着读。

家长D：不会。孩子读书比较盲目，总是看看这里，翻翻那里。

家长E：不会。孩子读完书后，经常是一问三不知。

家长F：不会。孩子读书效率太低，读完收获很小。

分析六位家长的发言可知：家长A认为坚持读就是会读书；家长B认为喜欢读书就是会读书；家长C认为不愿意读、不主动读是不会读书；家长D认为没有阅读目的和方法是不会读书；家长E认为没有阅读理解是不会读书；家长F认为阅读效率低，阅读收获小是不会读书。下面将对以上观点进行分析。

坚持读不等于会读书。读书不是心血来潮，而是长期滴灌。中小学生阅读的持续性很重要，但影响持续性的因素同样重要。如果维持阅读持续性的不是读者的阅读需求，不是自觉、自能和自治，不是追求阅读的价值，那么，孩子的“坚持读”“持续读”即使能维持，也难以长久。例如，教师布置的阅读打卡作业；家长规定的阅读任务；带有奖励性的阅读活动；出于追求低层次“有趣”的娱乐性阅读等。

喜欢读不等于会读书。前文提到，兴趣在支撑“持续阅读”和“学会阅读”上的影响并不突出，而喜欢也并非兴趣，只是一种情绪，其稳定性较差、效能性很低。况且，兴趣驱动的“想读”具有阶段性，而喜欢读甚至不能完成“想读”的阶段性任务。喜欢只是阅读的动力之一，与会读没有必然关系。换句话说，喜欢读书与会读书不是一回事。

会读是一种综合能力。如果问阅读教学的目标是什么，那肯定是让学生学会阅读，真正做到“自能读书，不待老师教”。但怎样才算会读，怎样才能会读呢?

首先，会读要有明确的目的。美国阅读专家彼得·孔普说：“目的越具体，阅读越容易。”对于阅读，只有明确目的，才能确定目标。只有确定目标，才能区分任务。阅读任务越具体，策略方法才能越精准，阅读也就更易成功。换个角度说，明确阅读目的，也即提高阅读的确定性和效能性。

其次，会读要会选书、能自读。选好书是读好书、书读好的前提。家长不仅要协助孩子选书，更要培养孩子独立选书的能力。此外，会读还要能自读，即孩子的阅读要有心理上的自觉、行为上的主动、立场上的独立、技能上的自能和策略上的自治，不能是被迫、被动、依赖性的，也不能是无能、无助的。

再次，会读要会用策略方法。据谷屹欣博士统计，统编小学语文 12 册教材关于阅读的要素中，阅读方法和策略的条目最多，占比约 40.6%。尽管业内对阅读策略、方法的理解不尽相同，但对其作用的认识是一致的，那就是“会运用策略方法是学会阅读的主要标志”。

长期以来，孩子不会阅读，首要问题就在不会使用阅读的策略和方法。温儒敏教授就曾尖锐地指出，阅读教学的弊端之一就是不教或少教读书的方法。一项调查显示，在阅读教学中，阅读方法教学仅占课堂教学的1.14%。作为技法之一的阅读方法尚且如此，更不用说阅读策略教学了。莎朗·沃恩在其著作《教会学生阅读》中指出："确保学生理解能力提高的最好办法是直接而清楚地教他们阅读策略。"因此，阅读策略方法指导和学习应成为家长和孩子的重要任务。

最后，会读要能理解、会应用。材料中，家长E反馈的"孩子读完书后，经常是一问三不知"，多半是阅读理解出了问题。对于读者而言，读后能否理解，是检验阅读质量的关键。读者要想读而理解，就要从提取、分析、抽象、概括、推理、比较、迁移等策略（能力）出发，培养复述性理解力、阐释性理解力、赏评性理解力和应用性理解力。教育心理学家康斯坦丁·德米特里耶维奇·乌申斯基说："书籍不仅对于那些不会读书的人是毫无用处的，就是对于那些机械地读完了书，还不会从死的文字中引出活的思想的人，也是无用的。"由此可见，阅读只有读而有法、读而能懂、懂而会用，才算读得有效，读得有价值。

二、阅读的3个层次

阅读究竟要培养怎样的阅读者？是独立阅读者、自能阅读者、自主阅读者、自动化阅读者，还是优秀阅读者、高效阅读者，抑或终身阅读者？中国国家版本馆副馆长王志庚说："少儿阅读服务的目标是'培养善读者'，让不喜欢阅读的儿童喜欢上阅读，让喜欢阅读的儿童读更多的书，让不会阅读的儿童学会阅读。”“善读者”作为阅读培养的终极目标，必然存在阶段性和层次性。

在和广州的一位家长交流时，她忽然问我这样一个问题：如何才能判断自己孩子的阅读力有多强？尽管从事阅读写作教学多年，但面对这样一个问题，我却突然陷入沉思。

我明白她的困惑，那就是阅读力是否有具体可参考的判断标准。首先，需要清楚大家通常所说的阅读力是什么；其次，需要明白阅读力关键要素的层次标准；最后，还需要给阅读力划分合理的层级。事后，查阅各种资料发现，国内外并不乏对阅读力层级的研究。但问题又是显而易见的，如对阅读力认识不一、要素交叉模糊、层级划分过多、评价指标过细等。这些都使得其参考性和实用性大打折扣。

有效的阅读力层次模型应该是专业、简单、好用的。前面，为更好地把握各学段侧重发展的阅读方法、策略、能力等，我们将中小学阅读力分为兴趣型阅读、理解型阅读、鉴赏型阅读、迁移型阅读和创造型阅读 5 个阶段。如果抛开学段来看阅读力，其又可大致分为能读、会读和善读 3 个层次。

能读是阅读者的最基本要求。通俗地讲，能读就是可以读，即主观上愿意读，客观上有能力读。至于为何读、怎样读、读的效果如何，并没有硬性要求。能读侧重阅读行为可不可以、能不能正常进行。能读具体表现为以下 6 方面。

◎ 阅读没有目的或缺乏明确目的；

◎ 知识接受呈碎片化，无结构、不系统；

◎ 选书有赖他人帮助，个人能独立或半独立阅读；

◎ 阅读频率低、随机性强，阅读内容较单一，缺乏思考、理解较浅；

◎ 能够尝试运用策略方法阅读；

◎ 多为整体感知和复述性理解。

会读是阅读追求的大众目标。合格的阅读者首先是会读者。中小学阅读者不仅要能读，更要会读。会读者知道为何读、怎样读，追求阅读效率和效果。会读侧重阅读策略方法的使用，阅读能力的提高，阅读品质的培养。会读具体表现为以下 7 方面。

◎ 阅读有目的或目标；

◎ 对知识能够结构化思考，有效联结和积累；

◎ 能不依靠他人，自觉、主动、独立选书和阅读；

◎ 阅读频率较高、有一定规律，阅读内容宽泛，学会深度阅读；

◎ 熟知、掌握策略方法，并能自然运用；

◎ 尝试用元策略对阅读进行计划、监测、反馈和调控；

◎ 具备阐释性和鉴赏性理解能力。

善读是阅读者的终极追求。所谓善读，顾名思义，就是善于读书，即有策略智慧地读，精准高效地读，高质高能地读。相对于能读的读起来、会读的顺起来，善读更注重阅读好起来。善读具体表现为以下 7 方面。

◎ 阅读目的明确、目标具体；

◎ 能借助策略、工具和流程对知识进行体系化构建；

◎ 能根据目的、计划、能力等精准选书，独立、自能、自治地阅读；

◎ 能够持续、规律地阅读，阅读内容多元化，能依需选择深、浅阅读；

◎ 能依据阅读目的、内容，灵活、综合地运用策略方法；

◎ 能自然地用元策略对阅读进行计划、监测、反馈和调控；

◎ 具备评价性、迁移性乃至创造性理解能力。

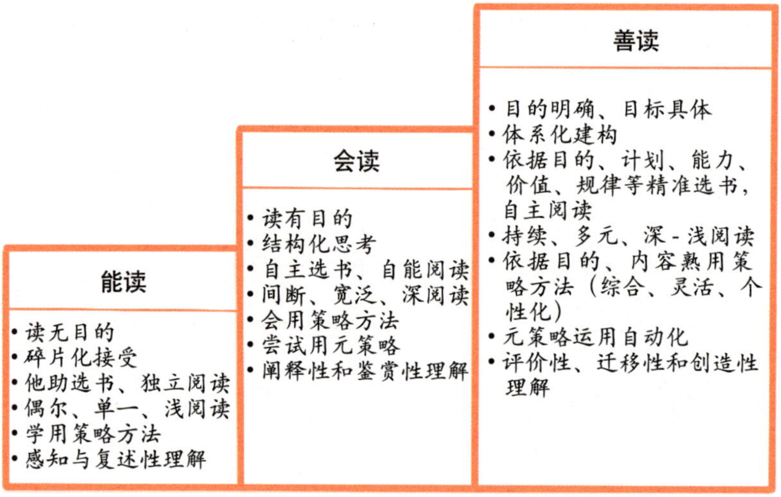

图 23　中小学生阅读的三个层次

严格意义上说，从能读到会读再到善读，并不存在十分清晰的界线，只有相对的参考指标。所以，家长在评判孩子的阅读层次时，要结合单项指标对照和多项指标综合来考虑。对阅读而言，只有能读，才能会读，也才可能善读。在阅读力提升的路上，我们不妨牢记古代先哲的名言：“博学之，审问之，慎思之，明辨之，笃行之。”

第二节　阅读方法，为高质量阅读护航

阅读文本不同，阅读方法也不同。高效地阅读，就是要基于阅读方法的品质，依据阅读文本、阅读目的等选择合适的方法。但前提是，孩子要先掌握朗读、默读、精读、略读等阅读方法。

一、流利与适切，让阅读方法有品质

随着孩子年龄增长，你会发现，其对阅读成功的判断，不再是态度、情感和动机，也不再是兴趣、意志和习惯，更不是阅读环境和他人的帮助，而是阅读策略方法的使用。尤其是被法国哲学家笛卡尔称为“一切知识中最有价值的知识”的方法，其合理选用应成为孩子阅读学习的重点。

成都武侯区一位家长曾向我咨询，说她听某语文特级教师讲，孩子“读书不需要什么策略和方法，读就行了”，是不是说孩子没有必要学习和选择阅读方法，想怎么读就可以

怎么读啊？

长期以来，随心随性、自然无欲的阅读，一直被众多读者推崇和实践。似乎只要愿意、喜欢就能读起来，只要读起来慢慢就会读，进而阅读就会成功。很显然，对大多数孩子来说，这种逻辑是荒谬的。试想，如果孩子不掌握阅读方法，如何才能会读、持续读；如果孩子不选择阅读方法，又如何才能有效、高质地读？从语文课本安排阅读方法的教学可见，学生不仅需要学习和掌握阅读方法，更要根据需求合理选择和使用阅读方法。

斯坦尼斯拉斯·迪昂说：“如果不教授孩子阅读的方法，一味地渲染阅读的乐趣是毫无意义的。”我们不但要教给孩子阅读方法，更要让其明白阅读方法的特质：流利性和适切性。

（一）流利性是感知与理解的桥梁。阅读流利性，就是能够内容准确、速度适中、过程顺畅、有感情地阅读文本。阅读流利性又可分为朗读流利性和默读流利性。尤其是朗读流利性，是阅读流利性训练和培养的关键。有家长可能认为，孩子阅读的流利与否真的有这么重要吗？只要读得通、能顺下来不就行了吗？其实不然，流利不仅是一种阅读能力，更是一种边读边思考的自动化阅读效果，其建立在对字、词、句的正确把握和有效感知基础上，不仅能节省阅读时间、扩大阅读量、提高阅读自信，更有利于理解精力的投注。

准确是流利阅读的基础。阅读是为了理解，理解的前提首先要保证对文本的正确认读。这里的“准确”虽不要求100%正确，但要尽可能地提高其准确率，至少不能低于95%，以免影响对文本的理解。具体而言，“准确”表现为以下3方面。

1. 普通话发音正确，没有读错字现象；

2. 不重复字句、不加减字词；

3. 正确感知文本，恰当划分意群。

阅读的准确与否，除与读者掌握的字词量、积累的背景知识有关，还与阅读时的注意力有关。因此，阅读正确性的训练，一方面要强化孩子的语言知识、背景知识积累；另一方面要提高阅读的专注度。

速度是衡量流利阅读的重要标准。这里的“速度”并非指快速阅读，而是指阅读的语速较为流畅。也即说，阅读能够根据句子的意群，及句段的结构和逻辑进行合理停顿与连续；能够根据读者阅读的不同目的（如记忆、理解、鉴赏等），以及文本表达的需要来确定合适的语速；能够读得顺、不卡壳、不结巴。很明显，此处的“快速”并不是越快越好，而是合理的适当和应有的顺畅。要做到阅读的“快速”，可从以下4方面努力。

1. 识别意群，留意句段结构和逻辑；

2. 明确阅读目的和作者表达需要；

3. 挑选难度适中的阅读文本；

4. 集中注意力、纠正口吃。

有感情是流利阅读的高级要求。一般来说，“有感情”多针对朗读而言。“有感情”主要体现在4个方面：一是根据句段逻辑（意群、内容强调等）和结构（标点、段落等）恰当停顿，做到当停则停，当连则连；二是根据语法重音（依据定语、状语、补语等语法结构成分）和逻辑重音（突出的语义或情感），加重或减轻音量；三是依据不同的标点，确定祈使、疑问、感叹等语气；四是依据词汇、句段的意义，来配置发音的快慢、长短和轻重及变化。

鉴于“有感情”是在对字、词、句、段、篇有效感知甚至理解的基础上，所以，在一些研究中，“有感情”也被替换为“能正确理解”，或将“正确理解”“理解到位”直接作为流利性的基础。例如，语言学家塞缪尔斯就将阅读流利性定义为“准确、快速地阅读并能够正确理解”。语言学家卡伦·坦珂斯莉则认为流利性是“在正确地理解文本和恰当地划分意群的基础上，能够准确、流畅、感情丰富地快速阅读文章的能力”。很显然，这对阅读方法提出了更高要求。

流利阅读者虽不等于成熟阅读者，但成熟阅读者一定是阅读流利者。因此，我们有必要培养孩子阅读的流利性。具体可从以下4方面努力。

1. 抓住二三年级流利性发展的关键期，尽可能多地进行阅读训练；

2. 反复阅读同一或不同类型的文本，强化阅读语感和方法体验；

3. 分要素和要求（停顿、专注度、准确、快速、有感情等）专项训练；

4. 家长、教师直接示范或阅读引导。

（二）适切性让方法用得恰到好处。阅读方法是读者为实现阅读目的，采用的具有可操作性的具体手段和方式。其适切性品质决定，不存在哪种方法最好，只存在哪种更合适。所以，阅读方法的使用就是依据阅读目的、阅读内容和学段目标，对合适方法的选择与组合运用。

阅读目的决定阅读方法。关于阅读目的，前面已经提到，对中小学生而言，主要有消遣性阅读、训练性阅读和功能性阅读。很显然，不同的阅读目的，其阅读方法也是不同的。例如，以消遣娱乐为目的的阅读可采用扫读法；以搜索信息为目的的阅读可采取检读法；以自我发展为目的的阅读可采用精读法。

阅读内容影响阅读方法选择。阅读不同的内容，选用的阅读方法也可能不同。例如，品鉴抒情言志的诗歌，宜用赏读法；分析侦探推理的小说，宜用解读法；阅读晦涩的文言文，宜用批读法；阅读议论性文本的佐证材料、反面事例，宜用略读法；阅读事物性说明文本，宜用检读法；阅读一本书的前言、目录，宜用扫读法；阅读方法技巧类书籍的铺陈、案例性文字，宜用跳读法等。当然，阅读内容对阅读方法选择的影响，很大程度上受制于其背后的阅读目的。

学段目标制约阅读方法使用。阅读方法的教学并非越早越好，而是要根据不同学段，制定不同的学习目标。例如，小学一二年级的孩子，只能用朗读或默读，而不会选用批读、赏读等方法；初中学段的学生，则能够熟练运用扫读、跳读、检读等略读法，学会并掌握了赏读法。当然，阅读方法的学段目标并不是绝对的，不仅国内外类似学段的培养目标有区别，就连国内相同学段不同研究成果的目标也有差异。除此之外，不同地区、学校和个人，对方法目标的认识、教授和掌握也不尽相同。因此，阅读方法的选用还受个人水平的影响。

表 1　中小学生阅读方法的学段目标

方法 \ 学段			低年级段	中年级段	高年级段	初中学段	高中学段
朗读			学习	掌握	熟练	精通	
默读			学习	掌握	熟练	精通	
略读	浏览	扫读		学习	掌握	熟练	精通
		跳读		学习	掌握	熟练	精通
		检读		学习	掌握	熟练	精通
	概读			学习	掌握	熟练	精通
精读	批读			学习	掌握	熟练	精通
	解读			学习	掌握	熟练	精通
	赏读				学习	掌握	熟练
	研读				学习	掌握	熟练

阅读方法是静态的，但对阅读方法的学习和使用是动态的，是随阅读目的、阅读内容、学段目标及个人水平的改变而变化的。并且，阅读方法的实践性、发展性及阅读个体的独特性决定，阅读方法的使用最终会走向综合、灵活和个性化。因此，就像教育家严济慈说的，“每个人都要摸索适合自己的阅读方法”。

二、朗读与默读，让阅读学有所用

朗读和默读作为阅读的两种方式，前者是调动口、耳、眼、脑的出声阅读，后者是省去了口、耳的心读。从表面上看，二者的区别主要在是否出声，实则前者重“感”——语言之感，后者重“悟”——语义之悟。

在阅读交流时，曾有家长向我咨询：朗读和默读哪个更重要？

实际上，朗读和默读并不存在谁比谁更重要之说。只有在不同的阶段和场景中，哪个相对更合适。例如，学龄前及小学低年级段更适合朗读。开始可由父母为孩子朗读，随后可鼓励孩子自己朗读，或与孩子分角色朗读。随着年级段升高，默读就应该扮演更重要的角色。但朗读不要急于结束，最好能延迟到中学毕业之前。因为朗读是默读的基础，良好的朗读力有利于默读水平的提升。

再如，孩子阅读时注意力不集中，为提高其阅读专注力，可采用朗读的方式；孩子要参加诗歌或散文朗诵比赛，就需要不断地进行朗读训练；孩子需要积累某领域的知识，可通过默读来快速阅读大量书籍；孩子想更好地理解和欣赏某部文学作品，可采用默读的方式边读边思；孩子在图书馆、候车厅等公共场所阅读时，就适合选择默读。

阅读之关键在其用。例如，朗读可以培养语感、激发兴趣、提高专注力等；默读可以加快阅读速度、增强文本理解等。至于说，孩子怎样才能用好朗读和默读，首先需要家长了解两者的特征，而后才能依据特征和流程引导孩子学习和使用。下面，我们将分别探讨朗读和默读的两大主要功用及操作要点。

（一）朗读是提升语感力的催化剂。教育家叶圣陶说："文字语言的训练，我以为最要紧的是训练语感。"语感到底是什么？能培养吗？能够通过朗读培养吗？通俗地讲，语感就是人对语言文字的直觉判断、敏锐感知和迅速领悟能力。它包括语音感、语义感、语法感和语用感，可以说是从形式到内容、从表面到内在，全面的"正确丰富的了解力"（叶圣陶语）。由此不难发现，语感是一种高层次的语言能力。

朗读作为一种阅读方式，虽不能直接发展这种能力，却是语感力提升的催化剂，为语感的培养提供了训练的途径。由于朗读融合了看、读、听、思等行为，它可以激活人的语言知识、背景知识，不断地与阅读内容产生关联，一遍遍强化个体的感知和理解，从而让读者在经验的加持下，具有更强的语言敏锐性、直觉性和情感性。既然语感是直接、灵敏、迅速地感知和领悟，又离不开语言知识、背景知识和策略能力的支持，那就需要从语言要素上进行刻意训练。

其一，朗读要训练阅读的流利性。朗读可以从语音、语法、语义等语言知识，自然、社科等背景知识，方法、策略等程序性知识方面，强化对阅读的准确、快速和有情感等要素的训练，增强对语言的敏感性和领悟力。这点可参考前面的内容进行具体训练。

其二，朗读要丰富阅读的体验性。无论是理解性朗读，还是欣赏性朗读，抑或分角色朗读，都具有很强的体验性：对知识组合的体验，对技法运用的体验，对情感道理的体验，对人生经历的体验等。朗读者每体验一次，个人的经验就丰富一次，对世间万物的认识和理解就强化一次。久而久之，当阅读到相同、相似、相关的内容时，感知就会无意识地减省乃至超越中间的分析、推理、验证环节，直接而迅速地做出判断乃至瞬间顿悟。此时，你与文本、读者的顺畅交流，靠的不是天赋异禀，而是你丰富的阅读体验。

其三，朗读要激发阅读的情感性。语感实质上是心灵对语言的感受，而朗读则是体验文本情感最直观的训练。对情感的感知和理解，能够丰富不同语境下的情感体验，让读者与作者、文中人物的情感产生共鸣。因此，可从以下 3 点引导孩子。

1. 帮助孩子把握文本主题情感或情感基调；

2. 重点朗读直抒胸臆、借景抒情、借物抒情、寓情于景等的抒情句；

3. 引导孩子多向联想、换位体验，反复朗读，多次感悟。

（二）默读让你读得“多快好省”。如果说朗读让孩子读有感觉、读有趣味，那么默读则让孩子读得自然，读得“多快好省”。具体表现为：默读的方式阅读速度快、实用价值高，因而适合的人群多、适用的范围广、便于大量阅读；默读的机理简单、方法多样，使阅读速度相对较快；默读干扰减少、专注度高、形式灵活，更有利于孩子高阶思考、深入理解、牢固记忆和个性化阅读；默读读不出声、速度快、理解较深，可为孩子省去更多限制、时间和精力。

默读作为朗读的高级阶段，是培养自主阅读者的有效途径，也是最为常用和实用的阅读方式。孩子良好的默读力，需要培养以下 4 种习惯。

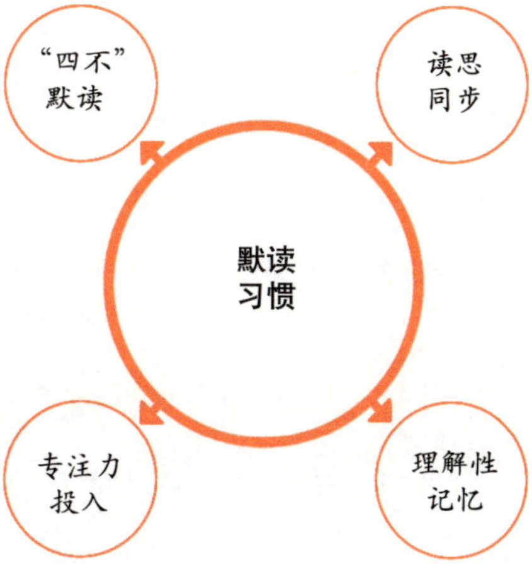

图 24　默读的 4 种习惯

其一，"四不"默读。默读要提高速度，就要做到不出声、不指读、不唇读、不喉读。"不出声"就是默读时没有明显或潜在的发声现象；"不指读"即默读时不用手指、铅笔等物件儿，逐字、逐句、逐行地引领眼睛阅读；"不唇读"是指默读时不动嘴，或者说嘴唇不能随默读节奏而动；"不喉读"则是指默读时喉头肌肉不能有发音动作。

以上 4 种现象不仅影响阅读速度，还会干扰对内容的理解。因此，并不是真正意义上的默读。然而，默读训练是循序渐进的，大多数孩子都会经历从指读、出声读到唇读、喉读，再到默读“四不”的过程。而且，随着年级段的升高、默读技巧的熟练，默读的速度也会由慢到快。所以，家长在指导孩子时，要遵循默读规律，不能急于求成。

其二，读思同步。瓦·阿·苏霍姆林斯基说：“在阅读的同时能够思考，在思考的同时能够阅读，必须使阅读能达到这样一种自动化的程度，即用视觉和意识来感知所读材料的能力要大大超过‘出声地读’的能力。前一种能力超过后一种能力的程度越大，学生在阅读时进行思考的能力就越精细。”读思同步正是默读的最大特点，是需要重点培养的默读品质。训练高效的读思结合，可从以下 4 方面努力。

1. 带着问题、目标去阅读，在默读中分析和解决问题，实现目标；

2. 根据阅读内容和目的，合理选择浏览、概读、批读等阅读方法；

3. 默读中对材料、主题、语言、结构、技法进行理解、鉴赏和评价；

4. 默读中质疑问难，利用联想和想象，尝试多角度、多层面解读。

其三，专注力投入。读不出声、读思同步的特征，决定了孩子默读时可以且需要专注。专注力就是日常所说的注意力，包括选择性注意力、持续性注意力和分配性注意力。对阅读而言，专注力强，能够提高阅读的效率和质量。中小学生如何才能训练好专注力呢？家长至少可从以下 5 方面努力。

1. 遵循规律，学会等待。不同学段的学生专注度是不同的，例如，小学低年级段，选择性注意力快速发展，无意注意占优势，注意力不稳定，专注阅读时长 15 ～ 20 分钟；中年级段，有意注意迅速发展，注意的主动性、目的性增强，专注阅读时长 20 ～ 25 分钟；高年级段，持续性注意力快速发展，有意注意占主导，注意的集中性和稳定性提高，专注阅读时长 25 ～ 30 分钟；初中学段，分配性注意力快速发展，持续性注意力趋于稳定，专注阅读时长超过 30 分钟。对待不同学段的孩子，家长要清楚注意力的发展规律，针对性适度引导。

2. 营造适宜的默读环境。对于孩子阅读专注力培养来说，一方面家长要确保孩子外部阅读环境的安静、整洁和舒适，若无须陪伴、指导，尽量不去打扰孩子的阅读；另一方面，家长还要为孩子营造和谐的内部环境，不给孩子太多限制、过多诱惑以及过量的刺激，让默读自然发生，自在而行。

3. 制定合理的计划、明确的目标。根据孩子的年龄、能力等，制定合理的计划、明确的目标、清晰的价值追求，孩子默读时才不至于被动、盲目及三心二意，阅读才能更有针对性和专注性。

4. 以兴趣阅读为基培养注意力。孩子对感兴趣的内容，会更容易全神贯注地去阅读。所以，家长要为孩子提供新奇、有趣、难易适中的阅读内容，让孩子内心有期待、前进有动力，能够身心愉悦地去阅读。

5. 做好阅读的“加减法”。阅读分心是很正常的事，要保持专注，你可以选择做加法，借助元认知调整阅读策略、改变阅读计划、依靠意志力抵制等；还可以选择做减法，通过对阅读理念、阅读动力、阅读知识、阅读技能的前置培养，减少阅读中可能出现的干扰因素。

其四，理解性记忆。不少人认为，相对于默读，朗读的记忆效果更快、更好。事实也证明，中小学生的大部分早读时间都在高声朗读和背诵。那么，这是否意味着朗读更有利于记忆呢?

的确，朗读是一种多感官参与、多感觉输入的复合型记忆，按理说记忆效果要优于默读。但以记忆为目的的朗读尤其是背诵，很大程度上已异化为机械性的死记硬背。能否快速记住、长久保持的标准，不再是内在的多维理解，而是外在的重复次数。记忆效果靠的不是知识的联结，而是反复强化的印象。所以，这种记忆的牢靠性和持久性是大打折扣的。反观默读性记忆，它依靠的是知识关联和深层理解，相对更稳定和持久。当然，由于默读适用的场合广，且其理解性与个人知识、经验融合度高，所以它也是最具适用性、便捷性和实用性的记忆阅读法。提高默读的理解性记忆效果，家长可从以下 4 方面引导孩子。

1. 利用好默读中的扫读、检读、概读、批读、解读、赏读等方法；

2. 利用好知识建构的两大策略；

3. 利用好知识联结的 3 个工具；

4. 利用好知识强化的 4 个策略。

在阅读的提质增效上，朗读与默读各有特点和优势。家长对孩子阅读方法的指导，务必要遵循其品质、功能和方法，合理搭配，灵活使用。

三、精读与略读，让阅读博专相兼

梁启超在《读书分月课程》中说：“无专精则不能成，无涉猎则不能通也。”这就是他“博专相兼”的阅读理念。进一步说，阅读还要博而不浅，精而不杂。但现实是，孩子们的阅读不仅窄而浅，而且泛而杂。那么，究竟如何才能做到博而精呢？

沈阳的一位家长给我留言，大意是：她是一位两个孩子（女儿读初一、儿子读小学三年级）的妈妈。多年来，她一直都是自己陪伴孩子阅读。为此，她读过不少讲阅读方法策略的书，也实践过亲子阅读，但近来对自己的阅读实践越来越感到焦虑。她不仅难以处理阅读的博专关系，也无法帮助孩子实现博专相兼的阅读效果。甚至，她一度怀疑，孩子中小学阶段有没有必要协调和追求阅读的博专关系与目标。

指导过孩子阅读的家长，大概都会遇到这样的问题。孩子究竟是各个领域的书籍随意读，还是该有针对性地阅读某个领域的书，如诗词、历史等。阅读的博、专又该达到怎样的度，如何才能达到这个度。应该说，面对以上问题，不仅绝大多数家长迷茫，就连语文教师及阅读专家也没有统一的答案。

尽管博与专没有明确、统一的度，但很显然，中小学生的阅读需要博专相兼。实现博专相兼的方法就是略读和精读。为此，你至少要明白三点：一是什么是精读与略读；二是为何要精读与略读；三是怎样精读与略读。

（一）什么是精读与略读。精读就是对重要读物或重点内容，进行全面、细致、透彻阅读的方法，是最基本、最重要的阅读方法。其中，细致详读是精读的基础，全面、深入理解是精读的核心。精读包括解读、赏读、研读、批读等具体方法。

解读：对阅读内容进行复述和阐释性理解的阅读方法。

赏读：对阅读对象的内容、形式进行鉴别、赏析、评价的阅读方法。

研读：对阅读对象以专题形式进行质疑、深入探究的阅读方法。

批读：指边读边在文章或书籍上进行勾画、批注的阅读方法。

略读也称泛读或概览，是一种选择性、粗略性的浏览式、检索式阅读方法。它以精读为基础，以实用为目的，追求以快的速度扩大知识面，以少的阅读量获取特定或重要信息，是一种高层次、强实用性的阅读方法。略读包括浏览和概读，其中浏览又包括扫读、跳读和检读。

概读：指为了解文章或书籍的价值、大意、主旨、结构、重难点、感情基调、写作意图等，而进行的梗概性、粗略式阅读。它侧重获取对文章或书籍的整体印象。

扫读：为获取某些特定信息，有计划地按行、段进行扫视阅读的过程。它侧重按规则扫视，以最快的时间发现、筛选、提取特定信息。

跳读：指对读物进行有选择地省略、合理跳跃的阅读方法。它侧重恰到好处地省略无关或次要的内容，以有限的时间获得更多内容。

检读：逐段对文章主要内容、要点，进行有策略地检索的阅读方法。它侧重对特定内容的有策略检索。

需要说明的是，略读虽求广求博，但并非泛泛而读、不求甚解，而是要观其大略、抓其要点；略读虽是扫着读、跳着读、挑着读，但并非漫不经心、随意乱读，而是精力高度集中、目的异常明确，是有规则、有选择、有策略的阅读。

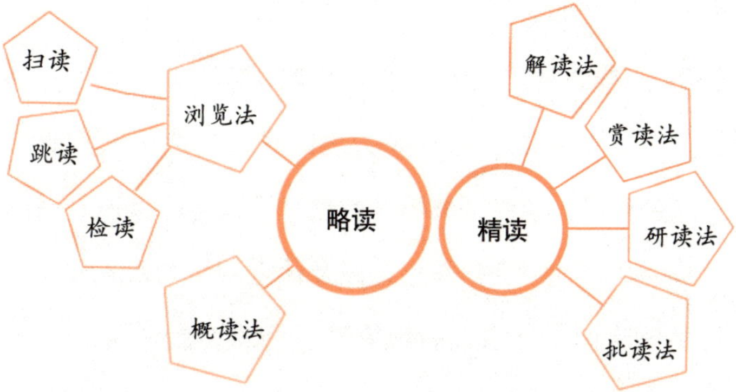

图 25　精读与略读的方法分类

（二）为何要精读与略读。了解精读和略读的概念后，我们不难发现，要想读得多就得略读，要想读得专就得精读。只有掌握了略读和精读，阅读才能够做到博专相兼。具体而言，精读与略读又各有作用。

精读作为基础性的阅读方法，一是有助于高效、系统地构建和深化某领域知识；二是可以让我们全面、细致、透彻地理解文本内容、鉴赏文本之美；三是可以发展我们的阅读思维和能力；四是有利于提升读者的人文素养。

略读作为精读的应用，一是可以快速扩充和完善知识，扩大知识面；二是可以以较少的阅读量迅速获取特定或重要信息，节省阅读时间；三是可以帮助读者迅速把握文章或书籍的大意、主旨、基调、意图、结构，以及读物价值、重难点等，方便阅读计划的制订、阅读策略方法的选配。

当然，精读和略读还可以让我们掌握各种阅读方法，提升阅读能力。

（三）怎样略读与精读。关于阅读的博与专，鲁迅先生说："不先泛览群书，则会无所适从或失之偏好，广然后深，博然后专。"读得多需要略读，读得深离不开精读。无论是略读还是精读，欲读得高效都要结合其特点、作用，以及读者阅读的目的和任务。

1. 高效略读有方法。教育家叶圣陶说，就效果而言，略读才是应用。既然略读以用为本，那么如何读得多、读得高效，就是我们最关心的。要读得多，就得加快阅读速度；要加快速度，就得选对略读方法。目的明确、方法精准、注意力集中，略读自然就高效。

前面已介绍略读的作用及各种略读方法的侧重点。阅读时，孩子只需要根据阅读对象、目的选择合适的阅读方法即可。

※ 学生 A 想了解《小学语文阅读提分技巧：创意公式法》这本书，就可采用概读法：一读版权页，看该书的特点、适合对象、出版时间及印量；二扫前言，快速寻找该书的价值优势；三看图书目录，了解该书的大概内容；四翻正文部分，通过章节、标题等，了解该书的编写体例。如此几步，便会对这本书有整体了解。

※ 学生 B 想通过《小学生阅读高手》这本书获取阅读的方法，就可以采用跳读法阅读。跳过序章，尤其是中间的叙述内容；跳过第一章、第二章中与阅读方法无关，或自己不需要、不感兴趣的内容；阅读第三章“让一切问题迎刃而解的高效阅读学习法”时，适当略去铺垫性、非观点性、案例性的内容；第四章“提升自主学习能力的七个魔法问题”可直接跳过不读，或者选择性地跳读。

※ 学生 C 在做三年级阅读理解训练。面对文章《鸟中的胖子》第 3 题“用横线画出能概括第②小节大意的句子”，可用检读法，快速找到本段的中心句——段首句；面对文章《家乡的银梨》第 3 题“从文中摘录表示时间的词”，可采用扫读法，逐行、逐段快速寻找与时间有关的词。

从以上案例不难发现，不同的阅读目的对应不同的略读方法，为达到目的有时会兼用两种及以上的方法，关键在对各种略读方法技巧的掌握。

概读的技巧：重在明确目的，并针对性地读概括性的图文，如目录、前言、标题、图表、附录等。需要注意的是，与阅读目的无关的不读，细节性的内容不读。

扫读的技巧：前提是明确需求或检索对象，关键在预判对象出现的形式和准确定位，技巧是视线快速移动、注意力高度集中，读不停顿、不重复，发现即停读。

跳读的技巧：高效跳读的关键在于明确阅读需求、因需选择阅读对象、省略与需求无关紧要的内容、关注主要信息和关键词句、留意专业术语。

检读的技巧：重在有策略地检索，如文章开头段、结尾段、独立段，段落首句、尾句等。需要注意的是，检读的“找”有规律可循，无须全面扫视，更不用细读。

此外，阅读的书籍或文本类型、个人基础不同，对略读法的选择也会不同。例如，与主题阅读关系相对不那么紧密的理论书籍，适合跳读；有深厚专业知识基础的非核心关联阅读，适合跳读。即使同一种略读法，用在不同文体中，关注点也会不同。例如，记叙性文本中的扫读，侧重获取人、事、景、物、情等信息，以及修辞手法、表现手法等；说明性文本的扫读，侧重获取事物或事理的特征、功能、关系、概念、演变，以及说明的方法、结构等；议论性文本的扫读，侧重获取文本的论题、论点、论据、论证方法、论证思路等。

2. 精读奠基有方法。如果说略读求量，那么精读则求质。没有精读支撑的略读，必将沦为泛泛而读；没有精读支撑的阅读，则必不能博专相兼。

精读要有目的、有选择、有重点。为何要精读，是理解、赏析文本，还是建构、强化知识，抑或探究、解决问题？只有明确阅读目的，才能够准确地选择精读方法、精读对象，也才能够分辨哪些是重点，需要精读，哪些是次要内容，可以略读。

※ 学生 A 想提升文学鉴赏能力，就可以选择经典的名家散文、小说、诗歌等作品，利用赏读法，对文章的材料、主题、语言、技法、结构等进行鉴别、赏析和评价。如果想提升语言赏析能力，则可以从用词、句式、修辞、描写等角度进行欣赏。

这里阅读目的、鉴赏角度涉及的内容就是本次阅读的重点，需要细致详读、认真品析。需要注意的是，对阅读目的、目标的选择尽可能要少而精、小而具体。如果目的过多、目标笼统，任务就会庞杂，阅读就会盲目，效果就难以实现。所以，精读时尽量做到读必有重点。

※ 学生 B 想建构自己的知识体系。在知识结构搭建阶段，可选择普及性的通俗读物。利用解读法整体了解该领域的主要知识，接着采用研读法阅读该领域代表作者的代表作，以加强对该领域知识的理解认知；在知识强化和完善阶段，可以阅读该领域的非代表著作及其他相关作品，选择扫读法、跳读法，通过以书解书来强化知识，或选择解读法，通过对新知识的解读来完善知识。

对知识体系的构建，是否意味着精读得越多越好呢？显然不是。精读的书籍不能太多，即使重要书籍中精读的内容也不要太多。研究表明，已掌握某类书籍基础知识的读者，在阅读该类书籍时，每本书值得精读的部分只占该书的 7% ~ 11%。日本作家大岩俊之更是指出，“一本书最精华的部分约占 20%，而这 20% 中对自己最有用的部分也只有 20%，即全书的 4%”。所以，精读要高效，要省时间与精力，就不能贪多、不能滥读，宁可少些，也要好些。对于精读而言，无论出于什么目的，都要善于选择、宁缺毋滥。

精读要全面理解、深刻解读、多维赏析、精思细研。精读首在细，对文本的一词、一句、一标点进行理解和赏析。这种理解和赏析可能是多角度、多层次的，也可能需要结合旧知、联系现实，还可能需要比较与迁移。

※ 学生A精读《回去，给老屋换片瓦》这篇文章时，要理解“为什么要回去给老屋换片瓦”，就需要从“①父亲做梦梦见老屋被雨漏倒了，灶台也毁了，自己回去后没地方住；②老屋是父亲不能失去的根，父亲对老屋充满深情；③老屋不消失，故乡就不会消失，游子就能随时满怀期待地归去”三个角度解读。学生A要赏析文章“第⑯段写到父亲的梦境，在文中有什么作用”，则需要从内容和结构两方面分析：内容上，体现父亲对老屋挂念、故土怀念的感情；结构上，与前文形成照应，为下文的抒情做铺垫。

※ 五（2）班开展名著《西游记》研读的活动。学生A从“猪八戒讨人喜爱”的角度，列举事例进行研读；学生B从“孙悟空的‘心’路”角度，通过前后变化进行研读；学生C从“《西游记》的主题”角度，通过事例分析进行研读；学生D从“师徒情”的角度，透过师徒间的细节进行研读；学生E从“性格与成败”的角度，借助不同人物性格与结局的比较进行研读。

尽管小学阶段理解的层面较浅，赏析的角度也较单一，但多角度、多层次、多维度的解读，显然不仅是阅读考查的趋势，也是孩子阅读能力发展的需要。对于研读，尽管小学阶段的孩子还难以多向思考、逆向质疑，难以做到创新与个性化，但毫无疑问的是，他们可以朝着这些目标努力，在研读的过程中发展思维和探求新知。

会批读有助理解。阅读尤其是精读，尽可能引导孩子学会用批注批读。批注一方面可以保持思考的持续性，另一方面有利于促进阅读的理解和记忆。低年级段，可以让孩子将好词、好句勾画出来，将不认识的字、不理解的词圈起来，还可依据文字发挥想象，将有趣的画面画出来；中年级段可以让孩子学着给生字词注音、释义，给含蓄、晦涩、抽象的句子做解说，给省略的内容补白；高年级段可让孩子标出文本的重点、难点、疑点，同时尝试写点赏析、评价、反思、联想的文字。批是外化的思考，是理解的脚印。孩子不一定批得好，但务必要批得自主、自然，批得不拘一格。

对精读、略读方法的选择与搭配，不仅是一种能力，更是一种依据不同阅读目的和任务，不同文本和书籍类型，来实现不同数量、类型的信息、知识获取的艺术。

第三节　阅读策略，让你的阅读更高效

大多数孩子阅读低效，主要是因为没有掌握阅读策略。家长要明确阅读策略的学段目标，在学校阅读教学的基础上，强化孩子对预测、提问、图像化、监控等阅读策略的学习和运用。

一、阅读策略，被忽视的“利器”

对很多孩子来说，由于阅读策略获取的途径和收效不足，他们无法享受阅读策略带来的利好，使阅读长期处于高耗低效的状态。虽人人能读，但会读、善读者太少。读得多，转化难，收获少，以致个人阅读收支失衡，难以为继。

记得 2017 年，当部编本语文教材刚在全国铺开时，一位三年级孩子家长就急不可待地拍图片给我，说新书增加了预测单元，担心教师不一定会讲，问我有没有关于预测策略的课件。

我觉得，她可能担心教师的教学会一切照旧，不讲或教不好阅读策略，从而影响自己孩子的阅读。她的焦虑让我猛然意识到，阅读策略将成为阅读教学的重要内容。由此，我开始思考阅读策略是什么，有何重要性，又该如何实施，需要达到怎样的效果。6 年过去了，对阅读策略的研究越来越多，也越来越深入。然而，对大部分家长和孩子来说，阅读策略依旧是一个陌生的概念，这显然不是什么好现象。

（一）阅读策略是什么？如果要给阅读策略一个定义，那就是读者为实现阅读目的和提高阅读效果，依据阅读任务、目标、文本特点，有意识、有目的地对阅读方式、方法、技巧进行选择、安排，对阅读进程进行监控、调节，而制定的具有针对性、计划性、灵活性、可操作性的综合方案。

从定义不难发现，阅读策略具有以下 6 个特点：

其一，目的性，阅读策略是为了实现阅读目的和提高阅读效果；

其二，综合性，阅读策略是多种方法的集合；

其三，针对性，不同的阅读任务、文本、情境，有不同的阅读策略；

其四，计划性，阅读策略是阅读前有意识地计划好的；

其五，灵活性，阅读过程中会根据监控情况对阅读策略进行适当调整；

其六，可操作性，阅读策略可以教授、学习和操作运用。

本书理论上视阅读策略为阅读方法的上位概念，但实践中采用其狭义概念，即与阅读方法并列的具体策略，例如，预测、提问、图像化、联结、监控、综合、概括、推理、比较、复述、检索、提取、批注等。概念与分类是为方便理解，更是为方便运用。所以，出于学习和应用的便利性需要，本书将倾向于方法的检索、批注等在阅读方法中讲解，将倾向于阅读的预测、提问、图像化、监控策略在本节讲解，将倾向于理解的提取、复述、综合、概括、推理、比较等策略在能力章节讲解。下表是预测、提问、图像化、监控等阅读策略的学段目标。

表 2　中小学生阅读策略的学段目标

学段 方法	低年级段	中年级段	高年级段	初中学段
预测	意识	学习	学习－掌握	熟练
提问	意识	学习	学习－掌握	熟练
图像化	意识	学习	学习－掌握	熟练
联结	意识	学习	学习－掌握	熟练
复述	意识	学习	学习－掌握	熟练
概括	意识	学习	学习－掌握	熟练
监控	无意识	意识	学习	学习－掌握
推理	无意识	意识	学习	学习－掌握

（二）阅读策略有何重要性？前面提到，阅读策略的失位，导

致孩子的阅读长期处于高耗低效状态。具体而言，其重要性至少体现在以下 3 方面。

其一，阅读策略学习是阅读能力培养的重要任务。阅读策略作为技能，是阅读能力的重要组成部分。研究表明，学会使用策略是提升学生阅读能力的最有效途径，且使用阅读策略的能力是影响学生成绩的最重要因素。此外，阅读策略还是培养终身阅读者的关键。

其二，阅读策略让阅读更高效。如果说方法确保阅读的顺利进行，那么策略则保障阅读方法的有效；如果说阅读方法是为让书读完，那么阅读策略则是为让书读好。要想比同龄人读得更有效率和效果，学习和熟练运用阅读策略是必然选择。因为策略的使用意味着高层次、综合性思维的运作，意味着读者对阅读和自我的监控反思，意味着对高质量、高效能阅读的追求和实践。

其三，教阅读策略是阅读教学改革的必然趋势。阅读教学到底教什么，是教陈述性知识还是程序性知识，是教课文还是教策略？但现实是，国内的教学行为迟滞于阅读教学的理念，并未形成以学生阅读策略的建构为主体、以阅读策略的学习和运用为教学目标的定位。斯蒂芬妮·哈维曾明确指出："清晰明了地教授学生各种策略，是阅读理解教学的基石。"部编本语文教材对阅读策略单元的设置，也从正面有力印证了这一点。

当然，学生仅知道应该运用哪些策略是远远不够的，他们还必须熟知运用策略的时机、原因和方法。学生既要知道阅读策略是什么、有什么，更要懂得为何用、何时用与如何用。

二、预测，阅读策略的第一法则

小学语文统编教材中设置了4个策略单元，第一个便是“预测”。将“预测”最先编排，显然是有科学依据的。预测具有的游戏性、趣味性、未知性特点，符合小学生的阅读心理；预测策略相对简单，符合学生的阶段性阅读能力；预测作为基础性阅读策略，是其他策略实施的条件。因此，预测也被称为阅读策略的第一法则。

拿到部编本语文教材后，有不少教师和我探讨过阅读策略的教学问题。关于“预测”策略，大家的关心主要体现在以下4方面：

一是预测策略是什么，有哪些作用；

二是预测有什么要求，是否需要学生掌握；

三是预测的总体和阶段性教学目标分别是什么；

四是预测的流程是什么，如何有效引导学生操作。

对于以上问题，别说家长不清楚，一线教师也多是一头雾水。教什么、如何教、教到什么程度，这不仅是三年级语文教师该考虑的，也是所有关心孩子阅读能力的家长应思考的。毕竟课内时间有限，对预测策略的讲授不可能透彻，况且策略的应用实践在课外。所以，对于极少单独使用、个性化很强的预测策略，还需要家长给予更多关注。

（一）预测是什么，有何作用？简单来说，预测就是预估、猜测、猜想、推测、推想。具体地讲，预测是指读者根据已有经验、知识及现有信息，对书籍、文段的价值使命、主要内容、人物命运、事件发展、情感变化、道理观点、写作意图、结构设置等内容和结构，以及图画内容、词句含义等，进行主动、积极地猜想、推测，并在阅读中验证、修正猜想，以及产生新的猜想的个性化策略。它常用于阅读前、阅读中等场景中。

从上面概念中，我们至少可以得到以下信息：

1. 预测需要以已有的知识和经验为基础，以现有的信息为依据；

2. 预测对象可以是整本书、整篇文章，也可以是图画、文段、题目、目录、词句等；

3. 预测的角度可以是人、事、景、物、情、理等内容，也可以是结构、语言等形式；

4. 预测是有意识的积极主动行为；

5. 预测不断产生，并持续被验证和修正；

6. 预测是个性化的策略，因阅读目的、内容及读者等不同而不同。

有了对预测概念的认识，还应知晓预测策略的作用，如此才能明白为何用，何时用。预测策略的作用大致有以下 3 方面。

①增强阅读体验，如激发阅读兴趣、激起阅读期待、提升阅读成就感等。

②发展阅读思维能力，如激活背景知识、提升形象思维力、

发展推测能力、深化阅读理解能力等。

③培养自主阅读习惯，如培养自觉阅读、主动阅读、独立阅读、自能阅读、持久阅读的品质和习惯。

基于对预测策略的以上理解，我们需要做到：预测有依据，选择合适、有效的内容；预测要主动，有意识地学习和运用策略；预测要持续，不断形成新的预测并在验证中强化理解；预测要多元，从材料、主题、结构、语言、手法等多角度猜想；预测要灵活，依据对预测的修正，灵活调节预测目标和方法。同时，还要明白预测本身无对错，故要敢于预测、客观比较，并适时修正；预测极少单独使用，故要善于预测，合理搭配其他阅读策略。

有人可能认为，以前不学预测策略，阅读中也照样使用，何必了解预测的概念、作用及要求，又何必非要有意识地学习呢？我们知道，概念是对事物本质抽象的结果，有利于对事物的深刻认识；作用是某对象在使用中产生的效果或影响，可使选择和使用更具针对性；要求是标准的规范性技术要素，可以使预测的使用更有效；有意识地学习可使预测掌握得更好，应用得更到位。因此，无论是知概念、明要求，还是懂作用，都是为培养孩子的预测意识。

（二）预测策略如何操作？哲学家萨特说："阅读时，你在预测，也在等待。你预测句子的末尾，预测下一个句子，预测下一页书。你等待它们来证明你的预测是否正确……"这里提到预测策略的两个核心要素：预测与证明（验证）。由于预测的验证结果，可能在意料之中，也可能在意料之外，所以还需要修正。加之预测不是单一的、一次性行为，每次可能会产生多个预测，预测被验证后还可能多次产生多个新的预测，继而需要新的验证和修正，故预测的流程可建构为：

预测×N→验证/修正×N+预测×N→验证/修正×N+……

预测的复杂程度及效果，取决于个人的阅读目的、背景知识、阅读方法、理解能力及阅读对象、预测依据等。依据就是预测凭借的内容，是形成预测的根据。有人可能认为，既然预测本身无对错，也就无须预测依据，随意猜测就行。殊不知，预测依据的选择不仅关乎预测本身价值的高低，还会影响验证的难易程度。所以，预测依据的选择要结合阅读目的和阅读对象，考虑依据的合适性与有效性。例如：

※ 预测陌生字的字义，依据象形、指事、会意、形声等造字法规律，或者依据上下文语境，肯定要比盲目猜测准确率高。

※ 预测下文要写的内容，依据转折词、过渡句、过渡段、段首句，以及前文的铺垫、伏笔文字，会使预测更有效。

※ 预测文章的故事情节发展，依据线索和顺序，要比依据环境、语言、结构等更合适，也更高效。

※ 预测文章的主要内容，依据文章题目、小标题、首尾段、总起句、总结句等，要比依据其他文本要素有效，验证起来也更容易。

※ 预测一本书的整体价值，依据作者简介、序言、目录、推荐语及专业书评，肯定要比依据书名、出版社、印数等更有效。

小学低年级段，就应该开始培养孩子的预测意识，因为该学段已有孩子在无意识地应用预测策略，尽管这种应用水平并不高。

学生要想高质量地运用预测策略，必须认识到预测策略的价值，树立自觉的预测意识，掌握预测的要求与方法路径，使预测策略运用成为自动、自治的行为。

三、提问，做会思考的阅读者

有趣、幸福的灵魂一定充满疑问，以及对疑问的智慧追寻。四年级语文上册的提问策略单元，给出了提问策略的培养目标：掌握阅读策略，养成敢于提问、善于提问的习惯。可以说，从意识形成到策略学习，从尝试提问到学会提问，从策略掌握到习惯养成，几乎涵盖了提问策略的所有目标。然而，通过单元学习，学生能否具备提问意识、掌握阅读策略、养成提问习惯，又能掌握到何种程度？关键还要看教师对提问策略的理解、教授和训练程度。但毫无疑问的是，学会并善于提问已成为优秀阅读者的标配。

温州的韩女士与我交流孩子阅读时提到了一个现象。学校的多位教师曾向她反映，孩子在课堂上总是提一些不着边际的问题，经常打乱教师的正常教学节奏。而在家阅读时，又很少见他提问题。偶尔想了解下他的阅读效果，无论提问还是回答都是乱七八糟。

从韩女士反映的情况看，孩子课堂上爱提问题，不是他善于提问，而是出于强烈的表现欲，他并不关心提问的对错、合适、核心与否，只想得到别人的关注；家庭阅读提问少且提问、回答效果不理想，则反映出孩子缺乏问题和提问意识，同时不懂提问策略。孩子的积极发问，并不等于有强烈的提问意识；他的爱提问也不等于会提问。但更多的孩子是自己很少提问，习惯于听教师提问、回答教师提问，甚至等待教师给答案。

教育家冯恩洪曾说过，教师预设问题让学生回答，导致学生发现有价值问题的能力缺失。从教学角度看，尽管不少教师希望学生勇于提问、大胆提问、开放式提问，但鉴于教学内容、教学目标、教学任务等限制，实际上提问是被事先设定好的，加之同步教辅的一致性引导，使提问成为流程式的限定性“教师问题”、统一的“专家问题”，而非学生阅读时的真实发问。教师设计问题、提出问题、引导提问、补充完善问题，很大程度上是完成教学任务的需要。

从孩子阅读成长角度看，不知道问题意义，不明白提问价值，不会提问策略，只一味地迎合他人的提问，实际上是不独立、不自能，更无法自治的读者。因此，也不可能构建以问题为中心的知识体系，养成爱问、敢问、勤问的阅读习惯，成长为好疑善问的终身阅读者。

（一）提问之基：“两种意识”。对于提问策略而言，会用首要先知，知问题、知提问。这就需要家长引导孩子先具备两种意识，即问题意识和提问意识。这是学习提问策略、形成提问能力的前提和基础。

意识一：问题意识

生活中，我们经常能听到“问题意识”的说法，但问题意识究竟是什么，阅读中的问题意识又是什么，相信很多人都是一头雾水。不清楚何为问题意识，又如何具备问题意识？问题意识有 3 个基本要素：价值、类型、标准。

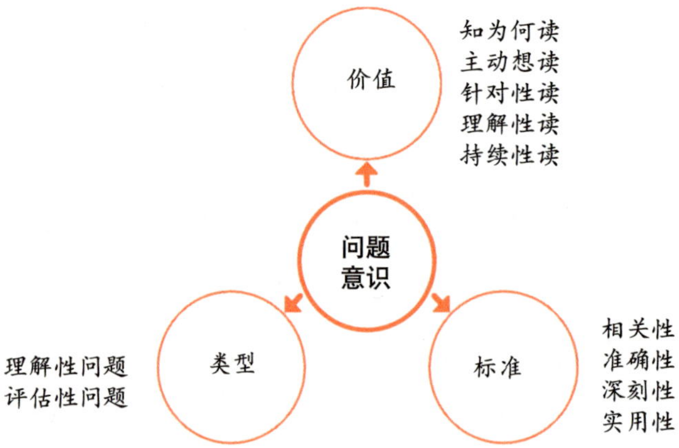

图 26　问题意识的 3 个要素

1. 明白问题价值，孩子才愿意发问。问题对阅读的价值，至少有 5 个方面。

※ 问题让孩子拥有阅读的动力和目的，知道为何而读；

※ 问题激发孩子的好奇心、求知欲和兴趣，让孩子主动想读；

※ 问题可以增强阅读的针对性，提高阅读效果；

※ 问题可以激发思考，帮助理解；

※ 问题可以提高阅读的专注度和持续性。

2. 了解问题类型，阅读提问目标清楚。很多孩子不知道提问角度，把握不准问题的难易度，关键在于不清楚问题的类型。很多专家学者对问题的层次分过类，诸如表层问题、深层问题，分析性问题、评价性问题，有定论型问题、无定论型问题等，对阅读都不够适用。其实，从认知理论看，阅读的问题有两类：理解性问题和评估性问题。

理解性问题是对阅读文本内容、形式的发问。例如，对内容方面的人、事、景、物、情、理等材料及主题，形式方面的结构、语言、手法等提出问题。这些问题可以是针对复述性、阐释性理解的，也可以是针对赏评性、运用性和创造性理解的。评估性问题也称诊断性问题，是对自我的阅读水平、任务、态度、行为、过程和效果的发问。例如，你的阅读任务有何特点，阅读目的、目标、策略分别是什么，阅读过程是否顺利，阅读效果是否理想，阅读调控是否到位，等等。

3. 明确问题标准，阅读提问有质量。经常有教师和家长反映，某某孩子总爱想当然地胡乱发问，或是不假思索地信口开河。从表面上看，是孩子不懂如何提问，实质上则是他们不了解问题的标准，以致问得不清、不准、不深、不联。批判性思维倡导者琳达・埃尔德说，我们提出的问题应超越那些不严谨、碎片化、随意的问题，指向系统、全面、视野开阔的问题。琳达・埃尔德谈论的实际上是问题的质量，而有质量的问题一定遵循特定的标准。对于中小学生而言，高质量问题的基本标准就是相关性、准确性、深刻性与实用性。

①相关性是好问题的首要标准。前面材料中提到韩女士的孩子，课堂上经常提一些不着边际的问题，其实是没有遵循问题的相关性标准。孩子提出的问题是否好，首先要看的就是问题与文本核心内容的相关度。问题与核心内容的关系究竟是强相关还是弱相关，抑或不相关。

例如，同样是读《西游记》，甲同学提出问题“孙悟空、猪八戒、沙僧在取经过程中分别表现出哪些精神”；乙同学提出问题“玉皇大帝和王母娘娘是母子还是夫妻”；丙同学提出问题“迟重瑞娶了陈丽华后生活得怎么样”。很显然，甲同学的问题与《西游记》核心内容具有强相关性，属于优质问题；乙同学的问题与《西游记》核心内容呈弱相关，质量次之；丙同学的问题与《西游记》核心内容呈零相关，属于无效问题。对于阅读提问而言，问到关键处、点子上，才是真本事。所谓“关键处”“点子上”，就是指文本的核心内容。紧扣文本核心内容提问，也是提出高质量问题的关键。

②准确性是好问题的基本要求。一是提出的问题要正确，不能出现偷换概念、自相矛盾、概念不当并列等逻辑错误。例如，“文章从内容上用了什么结构”“这句话运用的是比喻手法还是修辞手法”的问法就不正确。

二是提出的问题要适切，不同类型书籍、文体对应不同的问题。例如，读《三国演义》，你不能问“诸葛亮草船借箭是历史上哪一年”“曹操攻打袁绍为何不用火炮”“哪些内容体现‘形散神聚’的特点”。因为《三国演义》是历史演绎小说，不是写实历史，那时没有火炮，“形散神聚”不是小说的特点。

三是提出的问题要清楚明确，不能含糊其词。例如，读课文《一个豆荚里的五粒豆》，提问“豌豆的最终命运是什么”就是不清楚的，没有明确哪粒豌豆的命运；读《呼风唤雨的世纪》，提问“作者引用诗句‘忽如一夜春风来，千树万树梨花开’的意思是什么”，也是问得不清不楚，不知是问诗句意思，还是作者引用诗句的意图。

③深刻性是好问题的质量尺度。好问题除了要问到关键处，问得准确，还要问得深。所谓“问得深”，也即所问问题可能包含复杂事物和多重关系，也可能直击文本主题、作者写作意图、社会及人性问题等。例如，学生王辉读《鲁滨逊漂流记》时，提出了4个问题：这本书写了鲁滨逊哪些精彩的历险情节？书中哪些情节表现了人的拼搏进取精神？作者是如何弘扬人的勤劳、智慧和创造等价值的？这本书究竟是表现对自由理想的向往，还是对殖民主义、帝国主义的歌颂？相对于第一个问题，后三个问题明显更为深刻，是对文本主题、作者写作意图的探讨。深刻性的问题，既有助于读者更透彻地理解文本，又能提升认识的层次，推进思考的深入和持续。当然，深刻性的问题往往需要更多的关联与分析，具有更多解读的可能性和不确定性。至于说能否找到好的角度，能否问得深刻，则取决于个人的背景知识和理解程度。

④实用性是对好问题的价值奖励。好问题是基于真实的需求，是有价值和意义的。你或许听过这样的抱怨，“你问这些有用吗”“就不能问些有意义的”等。我们知道，阅读因问题而存在，

问题因实用而有价值。实用是指问题能够促进阅读目标的实现、目的的达成，而非纯粹地为发问而发问。例如，学生甲为参与中秋诗词分享会，要翻阅大量诗词及诗词知识的书籍，那些能解决中秋诗词分享的问题就是实用的；学生乙为消除心理上的焦虑，需要读心理自助方面的书籍，那些直指焦虑起因、鉴别、治疗的问题也是实用的；学生丙想体验丰富的人生，阅读不同类型的文学作品，进而提出有关人生感悟的问题同样是实用的。严格来说，所有问题都应基于阅读目的，都应指向问题的解决，都应具有实用性。

意识二：提问意识

如果说问题意识是对问题价值、类型和标准的认知，那么提问意识则是对提问的心理、行为、技法策略的认知。孩子要具备提问意识，就要在认识上知道提问重要性，情感上愿意提问，信念上敢于提问，思想行为上主动、独立提问，技法策略上自能、自治提问。

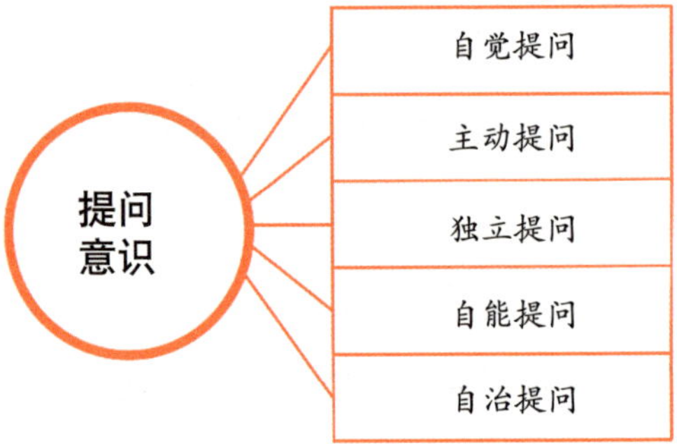

图 27　提问意识的 5 个方面

自主阅读者首先是自主提问者，而自主提问必须具备心理上的自觉，思想行为上的主动、独立，行为上的自能、自治。

1. 自觉提问是自主提问的前提，表现为自识、自效、自愿3方面。

①自识让孩子知道提问重要性。阅读为什么一定要提问？如果孩子不能认识到提问的重要性，也就不会主动提问。《知识的进化》作者维娜·艾莉说："提问是知识的种子，真正的知识始于提问。"阅读提问是一个人智力发展、才识增长的最有效途径。阅读要有所得、要成功，就必须质疑和提问。

②自效让孩子阅读时敢于提问。现实中，面对孩子阅读时不敢提问，常用的方法就是多鼓励。实际上，鼓励背后的逻辑是相信和支持。然而，孩子对家长、教师的鼓励有时并不领情。原因就在于鼓励的潜台词是否定，而家长又很难设身处地地给予孩子恰当的鼓励。这就导致盲目、过度、缺乏共情的鼓励，给孩子带来的不是自信，而是压力和迷茫。

有效的鼓励应基于孩子自身实际，基于能力、自我认知等自信建立的因素。例如，对于三四年级的孩子，你要清楚孩子当下的阅读能力及对自我的认知情况，进而确定鼓励的程度、提问的层次。你还要清楚，家长的言语激发与说服，并不能从根本上让孩子建立提问自信。这个阶段要注重培养孩子的自我效能感，即培养孩子对提问能否成功的信念，强化其对提问的信心。尽管高效能感并不等于高能力，但其可以降低孩子对提问的焦虑感，有利于确定目标和坚定达成目标的决心。

③自愿让孩子阅读时想要提问。孩子阅读时不想、不愿提问，除对提问的重要性认识不足外，最主要还是缺乏提问的兴趣和热

情，感受不到提问带来的诱惑力、挑战性和愉悦感。提不提问阅读体验一个样，提不提问阅读效果一个样。这表面上看是因为阅读兴趣的培养不足，实质上是不会提问、不善提问造成的阅读体验不佳所致。因此，诱导和强迫阅读提问都不是解决之道，让孩子逐渐感受、充分体验，提问策略的运用给阅读带来的快乐和收获，才是孩子自己想提问、要提问的必由之路。

2. 主动提问，拒绝前拉后拽的阅读。

对于阅读提问，主动是一种态度，也是一种品质。现实中，很多孩子都是被动地应对提问，或等待教师的提问，或翻看文本引导的提问，再或者干脆不问不答。从促进阅读理解角度看，学生主动提出问题，要比教师、家长提出问题更有效。家长要做的，不是一遍遍地提醒、催促，更不是越俎代庖，而是要给孩子营造宽松、包容的提问氛围，提供更多发问机会，指导他学会有效的提问策略，让孩子掌握质疑、提问的主动权。培养主动提问的习惯，你不用太在意孩子问得对不对、深不深、好不好，只要他能积极、自动提问就行。

3. 独立提问，问得自由才能读得自主。

培养独立阅读者，独立的阅读能力是关键，而独立提问是其主要目标。独立提问则意味着独立思考、有个人主见、不人云亦云。提问的独立，在思想上表现为要自由思考，不受他人观点的影响；在行为上表现为能自由发问，想怎么问就怎么问，不想怎么问就不怎么问，不依赖他人提示，不受他人约束。家长要明白阅读是孩子的阅读，理解是孩子的理解，提问也应是孩子的提问。因此，不要总以孩子不会提问为由，习惯性地替孩子发问或诱导孩子发问。这非但不能培养孩子独立提问的能力，还会对孩子的阅读造成干扰。

4. 自能提问，会提问才能更自主。

如果说想问、敢问、主动问、独立问是提问的初级阶段，那么能问、会问则是进入提问高级阶段的门槛。自能提问是指孩子在掌握一定提问策略的基础上，能够自主地发现和提出问题。这里的提问策略主要指依规提问、全程提问、多元提问。家长要明白，能提会问才是自主提问的根本。所以，家长要引导孩子对具体操作技能的提问策略，进行系统的学习和训练。

5. 自治提问，让发问保质提效。

自治提问也称自我提问，是对自己阅读提问的计划、监控、反馈和调整的提问，目的是为提问的推进、质量和效果保驾护航。相对于自能提问，自治提问对孩子的要求较高，可在小学高年级段进行学习和实践。关于自治提问，可参照以下问题。

※ 我是否具有问题意识和提问意识？

※ 我是否养成了阅读提问的习惯？

※ 我的提问自觉、主动、独立吗？

※ 我该从哪些角度提出哪些问题？

※ 我的问题准确、相关、深刻、实用吗？

※ 我的提问与回答是否符合预期？

※ 我能否对问题做出及时调整与补充？

※ 我对提问的策略运用得如何？

※ 我提问的效率和效果如何？

※ 我的提问还存在哪些不足，如何完善？

（二）提问之道：善问才能善读善思。提不出问题的读者不是好读者，不会提问题的读者不是合格的读者。培养孩子的阅读提问能力，关键在“善问”，即要善于运用提问策略。

1. 依规提问，是善问的基础。所有人的提问技能都是从不会到会，从会到精熟的过程。阅读提问策略的学习和运用，千万不能急于求成，要循规律、依标准而行。规律就是孩子阅读发展的规律，标准则是好问题的标准。在不同的学段，孩子的提问意识、提问方法，以及家长的引导策略都会有所区别（见表3）。

表3　中小学生提问特点及家长引导策略

特点 策略 学段	提问特点	引导策略
小学低年级段	孩子好奇心进一步增强，阅读时开始无意识地运用预测策略和猜读方法，并尝试提出各种问题。此时的提问更多是引导性的，孩子自己还不懂问题的标准、提问的方法，也做不到提问的独立、自能和自治。	家长可引导孩子多发问，在不断发问中体验提问之妙；可从问题趣味性等方面培养孩子的问题意识，从想问、敢问、积极问方面培养自觉、主动的提问意识。
小学中年级段	孩子有了明显的问题意识，能够感受到问题的准确性、相关性品质，可以提出表层、定论型的理解性问题并尝试解答。同时，自主提问意识增强，自能提问意识快速发展。	家长可培养孩子深刻、实用的问题意识，独立、自能的提问意识；引导孩子学习并掌握依规提问、全程提问、多角度提问的方法。
小学高年级段	孩子的问题意识增强，能够自觉、主动、独立、自能地提出问题，并自主进行分析、判断、推理，对问题做出阐释性、赏评性及运用性理解，开始尝试对自我的提问进行反思。	家长可强化孩子的问题意识和提问意识；引导孩子从多角度、多层次提出高质量的问题，尤其是面向自我的反思性、诊断性问题。
初中学段	孩子具备较强的问题意识和提问意识，能够提出比较核心、深刻、实用的问题，能够综合运用多种提问方法，能够对自我的提问进行诊断和评价，能够尝试提出个性化、创造性的问题。	家长可侧重关注孩子提出的问题质量和提问的角度、层次，对提问方法掌握和运用的熟练度，以及对自我提问的全面反思。

只有了解各学段孩子的阅读规律和提问特点，阅读指导才更有针对性。但由于每个孩子的阅读力各有不同，所以学段性标准最终还需结合个人的具体情况。同时，问题的相关性、准确性、深刻性与实用性，也是提问需要重点参考的标准。

2. 全程提问，让提问永远“进行时”。加拿大教师阿德丽安·吉尔说：“积极的阅读者在阅读前、阅读过程中或阅读后都会提出问题。”在阅读前，要侧重基于整体感知对文本进行预测性提问；在阅读中，要侧重基于体验思考对文本进行理解性提问；在阅读后，要侧重基于阅读评价对文本进行反思性提问。

由于预测在不断地被验证，阅读在不停地思考中推进，那么问题也就不断地被提出和被解决。由此来看，发现和提问是全程的、循环的，分析和解决问题也是。可以说，在阅读路上，提问永远都是进行时。无论哪个阶段，提问都可以遵循“发现问题—提出问题—分析问题—解决问题”的流程。鉴于问题的分析和解决主要涉及理解能力，在此就不再展开讲解。

发现、提出问题，比分析、解决问题更重要。对于提问，有人说问题比答案更有效，还有人说意识到想提出的问题，比找出答案更重要。问题比答案重要，提出问题比解决问题重要，因为发现、提出问题是创新的，而分析、解决问题是基于现成的。同时，问题的正误、质量决定阅读的效果。也即说，发现、提出错误的问题，即使再如何分析、解决也是无效的；发现、提出低质量的问题，不管如何费心思也无法增加阅读的收获。

多思考，才能发现问题。阅读中的问题从来就不是现成的，需要你去思考和发现。那究竟该如何思考呢？以下 4 方面，可作为参考。

※ 有目的地思考。例如，针对阅读目的“如何设计童话人物”发现问题。

※ 有方法地思考。例如，通过 5W1H 思考法（何因 Why、何事 What、何地 Where、何时 When、何人 Who、何法 How）发现问题。

※ 有策略地思考。例如，从内容、形式的不同角度，从理解、鉴赏的不同层次发现问题。

※ 有品质地思考。例如，哪些才是深刻性、独创性、批判性的问题？我如何才能快速、灵活、系统地发现有价值、高质量的问题？

精思慎选，提出更好的问题。物理学家阿尔伯特·爱因斯坦说：“如果我必须用一个小时解决一个重要问题，我会花 55 分钟考虑我是否问对了问题。”作为读者，每个人都可能发现一大堆的问题。但这些问题中哪些是有价值的，哪些问题的质量更高？这就需要我们依据问题的角度和层次，以及好问题的标准给问题分分类、排排序，选出值得我们分析解决的好问题。

表情达意，更好地提出问题。好问题发现后，还需将它更好地提出来，也即通过表述确定下来。只有这样，孩子的阅读目标才能更明确，阅读动力才会更强大。这就涉及问题的表达效果。前面已从正确、适切、清楚 3 方面对问题的“准确性”标准做了分析。此外，提出问题时，还需注意表达的流畅性，内容要衔接自然、先后有序，语义要关联；注意表达的凝练性，表述的内容不重复、不废话、不啰唆。

3. 多元提问，让理解全面深入。读文章尤其是读书，仅靠一两个角度、三四个问题，显然是无法实现全面、深入理解的。因此，阅读提问应该多元化，即多角度、多层次。

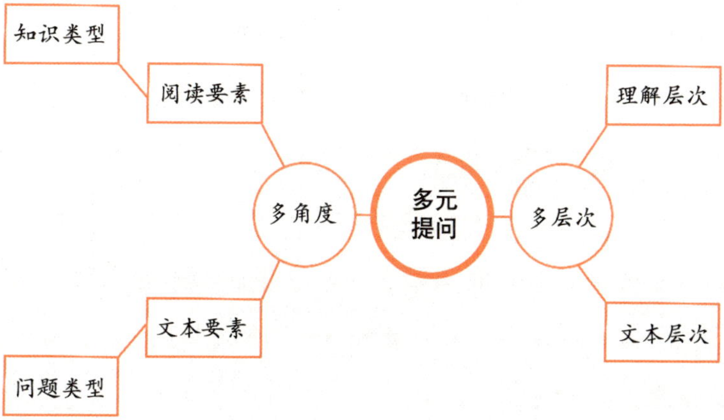

图 28　多元提问的角度与层次

多元提问就是指从不同的角度、层次去发问，如从阅读要素、文本要素、知识类型、问题类型等角度提问，从文本层次、理解层次等去提问。不同的角度、层次中，还会有不同的组成要素。我们可以认为，各要素是相对具体的角度。角度各要素间是横向并列的，层次各要素间则是纵向有梯度的。

※ 阅读要素：作者、文本、读者。例如，阅读《西游记》，孩子可以从作者的角度提问，“吴承恩写《西游记》的意图是什么”；可以从文本的角度提问，“《西游记》中观世音菩萨有何作用”；还

可以从读者角度提问，“我该如何用《西游记》中的道理指引我的人生发展”。

※ 文本要素：材料、主题；结构、语言、手法、体裁。材料与主题属于文本内容上的要素，结构、语言、手法等属于文本形式上的要素。文本要素是中小学生最常用的提问角度。例如，阅读小说《童年》，孩子可以从内容上提问，“阿廖沙为什么会在外祖父家度过童年”“《童年》表达的主题思想是什么”；可以从形式上提问，“《童年》中哪些句子体现了语言平淡简洁、生动活泼的特点”“《童年》中哪些地方用到了伏笔手法”等。

※ 知识类型：陈述性知识、程序性知识。前面提到，陈述性知识包括语言知识和背景知识，程序性知识包括策略、方法等技能。例如，阅读《卖火柴的小女孩》，孩子可以从陈述性知识的角度提问，“《卖火柴的小女孩》写作背景是什么”“卖火柴的小姑娘在火光里看到了谁”；可以从程序性知识的角度提问，“我该如何运用精读来阅读”“我该怎样对故事情节进行预测与提问”等。

※ 问题类型：理解性问题、评估性问题。从问题类型角度提问，前面已有讲解，此处不再赘述。

※ 文本层次：字词、句、段、篇、章、本。在阅读教学中，从文本层次的要素切入是最为常见的做法，也是孩子们最易接受的教学法。当然，我们也可称之为“局部—整体”提问法。因此，家长可根据孩子的不同学段，引导孩子从文本层次的角度针对性提问。

※ 理解层次：感知、理解、鉴赏、评价、迁移。由于理解层次具有很强的梯度性，所以长期习惯性从该角度提问，更有利于孩子理解能力的训练和提升。

作为提问的切入点，角度与层次虽不同，但都是为了更好地理解文本，实现既定阅读目标。提问的角度与层次不存在高低优劣，适合的就是好的，实用的就是有效的。当然，多元提问也并非提问的角度、层次越多越好。依据不同的阅读目的、阅读对象，合理精选提问角度，提出高质量、高价值的问题才是最重要的。

教育家莫提默·J. 阿德勒说：“如果你读书的时候有提问的习惯，那么与不提问的读者相比，你是一个更好的读者。”我认为，提问的习惯应该是要问、想问、敢问的习惯，还应该是主动问、独立问的习惯，更应该是能问、会问、善问的习惯。

四、图像化，让理解直观可视

在阅读文本时，我们根据文字联想、想象出画面场景，或者根据文字抽象出结构图式，就是阅读的图像化。图像化是读者借助自己的背景知识和阅读体验，使用图像、图形、符号、词汇等，将文本材料、主题、结构、手法等进行形象、直观呈现的一种阅读策略。

苏州的刘女士在咨询孩子阅读理解困惑时表示，读初一的女儿遇到诗词画面描绘题总是丢分。问及丢分的原因，她表示，孩子不会想象和描绘，只能干巴巴地翻译。

“请（展开合理想象，用生动形象的语言）描绘‘××’所展现的画面”或“‘××’展现了一幅怎样的画面？用简洁优美的语言进行描绘”，这种题型考查的不只是词句翻译能力，更是对诗句意象、意境的赏析能力，以及对画面的描绘能力。很显然，仅简单地串词翻译是远远不够的。解答该题型，基础是理解诗词内容、抓住意象和意境，关键在发挥联想和想象，用生动、流畅的语言描述画面。找景物意象、加修饰词、串联词句义只是表象，根本还在于孩子对文本的图像化，及对意境的描绘。

材料中，刘女士女儿的问题在于缺乏具象的图像化能力。也即说，孩子不能借助文字想象出画面，也就无法描绘画面。破解之法首先在于让孩子学习和掌握阅读的图像化策略。图像化策略有具象的图像化、抽象的图像化两种表征形式，体现两种不同的思维过程。前者呈现的是具象的多重感官图像，后者是抽象的知识组织结构。下面将分别就图像化两种形式的心理机制和操作流程进行分析。

（一）具象化图像，让理解形象化。统编教材中二下、三下、四上、六上的图像化策略训练，侧重的正是具象的多感官图像化策略，也即通过文字想象构建图像画面。这种策略的学习和训练，既有利于通过形象、立体的画面增进理解，又可以培养孩子的联想力和想象力，同时还能对孩子的理解效果进行监测。那么，具象的图像化策略是如何操作的呢？

要掌握具象的图像化策略操作流程，就得先明白它的心理机制。具象的图像化策略就是将文字变成多感官、系统、立体的图像集合，或者说将文字变成不仅能看，还可能能听、能触、能嗅、能尝，甚至可赏的场景或意境。也即说，具象的图像化策略所建构的场景不是单一、孤立的，而是由多幅画面组合而成，就像思维里的情境化电影。

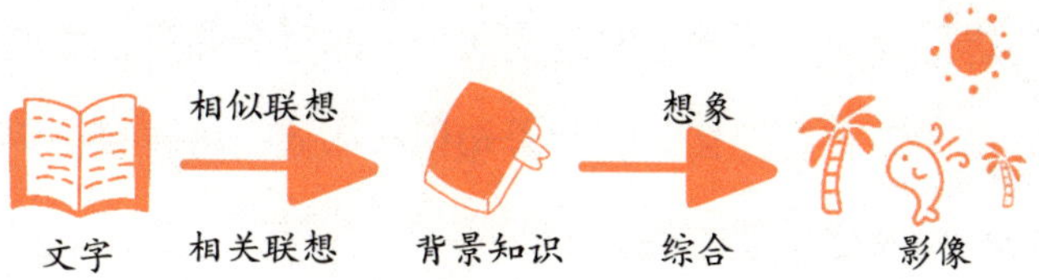

图 29　具象的图像化策略心理机制

具象的图像化策略心理机制表明，从文字到场景的纽带是背景知识，从文字到背景知识需要发挥人的相似与相关联想，关联起背景知识后还需要综合性想象，将大脑中勾勒的画面进行综合加工，建构起与文字对应的影像。由此可见，具象的图像化能力并不是天生就有的，依赖于后天的学习和训练。孩子能否形成丰富、精细、形象的影像，文字理解、背景关联、想象加工环节起着重要作用。

文字理解是图像化的基础。为何有的孩子读完文字，脑海中立刻会浮现出生动鲜活的画面，而有的孩子读完后脑中空空如也？这首先取决于你是否充分理解文字，感受到文字中的情景、情境或意境。例如，三年级孩子读李白的诗《渡荆门送别》：

渡远荆门外，来从楚国游。山随平野尽，江入大荒流。

月下飞天镜，云生结海楼。仍怜故乡水，万里送行舟。

如果要对诗的颔联、颈联进行图像化，首先得理解该诗所写的内容：青年李白由水路乘船出蜀，经巴渝，出三峡，驶向荆门山之外。尤其要能感受到起伏的山岭、平坦的原野、奔流的长江、辽远的荒原等壮阔景色，以及水中月影、云生海楼之美。

背景关联是图像化的纽带。对于自主阅读而言，同样的文字，孩子们的感受理解有差异，关键就在个人的背景知识、生活体验不同。也即说，读者有无相关的背景知识和体验，将直接决定理解得充分与否和图像化质量的高低。

以《渡荆门送别》的颔联、颈联为例。对蜀地到荆门两岸地势有了解，或有此地旅游经历的孩子，更容易感受景色由山脉到平原过渡的变化，也更能体会山峦一点点消失，江水向原野奔腾而去的壮美。对江月倒影、海市蜃楼有体验的孩子，面对“月下飞天镜，云生结海楼”自然体会得更深刻。有与此景相关、相似知识或体验的孩子，也能实现文字与背景知识的关联。然而，对于没有这方面背景知识和体验的孩子，感知起来就比较困难，图像化过程也就不会顺利。

像“随”“入”“下”“生”这些抽象的动词，如果缺少背景知识和体验的支撑，也就很难体会出作者赋予景物的流动之美和空间之感。

想象加工是图像化的关键。与背景知识建立关联，意味着你能感受到且可以形成图像的大致轮廓。至于场景中的要素是否丰富、精细，组合是否合理、富有层次感，则需要读者的分析综合与想象加工。可以说，文字的图像化过程也是读者对文本的再造性理解过程。由于每个人的背景知识、理解程度和关注点不同，所构建出来的图像也会不一样。或者说，每个人的文字图像化结果都是个性化的。

例如，同样是对“山随平野尽，江入大荒流。月下飞天镜，云生结海楼”两联诗的画面进行描述或勾勒，不同读者的描述或勾勒尽管大致相似，但绝对不会相同。这不仅是描述或勾勒技巧的原因，更主要在于读者对图像要素的想象加工不同。“山”“平野”“江”“大荒”“月”“海楼”等景物分别是什么样子的，怎样组合才能更有意境？如何才能用流动的视角表现“随”“入”的动态效果，以及“尽”的连绵不断之感？又如何描绘“飞天镜”“海楼”的夜景之美？等等。面对不同视角和层次的景物，如果没有对景物的想象加工，是很难表现画面的立体效果的。

阅读中具象的图像化，既是对文本深入理解的过程，也是创造性解读的过程。它不仅需要联想、想象，还需要读者的综合加工。因此，对具象的图像化策略的掌握，一定是学习和训练的结果。家长可引导孩子从以下 3 方面展开训练。

※ 多阅读景物描写、环境描写、场面描写和人物描写的文段，

尝试运用具象的图像化策略。

※ 多阅读富有情景、情境、意境的写景抒情、托物言志诗，尝试用语言描述诗歌呈现的画面。

※ 写作中注重对环境、场面的描绘，尤其要侧重对烘托、衬托、联想、想象、虚实结合等手法的训练。

（二）抽象化图像，让知识结构化。抽象的图像化是图像化策略的另一种表现形式，主要通过理解精加工，将原本零碎、纷杂、表面的知识进行提炼、整合，抽象出共同、本质的属性及有关联的概念，从而建立新的联结，以关系图、概念图、思维导图、树状图等形式呈现出来。这种图像化策略有利于揭示关联、强化理解、拓展认知和减轻记忆负担。

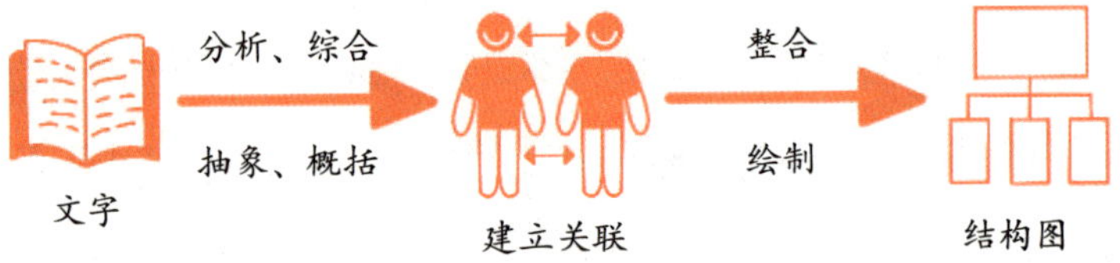

图 30　抽象的图像化策略心理机制

抽象的图像化是一种抽象的思维过程，也即利用分析与综合、抽象与概括、归纳与演绎等方法，以概念、判断和推理的形式，来揭示事物的本质特征和规律性联系。很显然，抽象的图像化策略学习起来相对更难，更不容易掌握。在小学中低年级段，孩子还很难运用抽象的图像化，主要还是借助框架图、表格、维恩图、流程图等去理解文本。进入高年级段后，家长可引导孩子在阅读中以不同的形式进行抽象的图像化。

抽象的图像化基础在理解，目的是建立关联，关键在方法的运用。要得到概念和判断，就得学会分析、抽象、概括。要建立关联结构，就得学会综合、归纳。分析与综合就是对因果、时间、空间、数量等关系的分析综合，比如，为什么、会怎样、怎么做，有哪些环节、类型、功能、措施，主次、强弱、轻重的关系怎样等。抽象是对概念、观念、思想的抽取，概括是对命题的判断，二者的目的都是揭示事物的本质属性。有了概念和命题，加上推理，就建立起了关联的新关系。然后，对各种关系进行整合，便可形成知识的结构图。

结构图作为一种思维工具，是抽象的图像化的结果。孩子要想利用好结构图，学习和掌握抽象的图像化策略是关键。家长可在中低年级段培养孩子使用结构图的意识，感受结构图使用的效果；在高年级段尝试让孩子学习和运用抽象的图像化策略，逐步培养孩子图像化的能力和习惯。

五、监控是高水平阅读者的标配

有人可能要问，什么样的读者才算高水平的阅读者？每个人的答案尽管不太一样，但掌握自我监控策略无疑是阅读能力达到高水平的标志。

在我教过的学生中，有个特别爱读书的女孩，思想、行为与同龄人都很不同。她看的书不但偏深，而且相对小众。她的作文告诉我，阅读让她拥有了非凡的人生体验和生活感知。她心灵敏感，见解独到，理解深刻。这让我很是好奇，她的阅读究竟是怎样的。

通过交谈发现，她的阅读不但目的明确、目标具体，而且对阅读有着十足自信和精细计划。我曾一度怀疑，相对深奥的书籍会不会让她倍感枯燥或充满挫败感。她却异常坚定地表示，从来不会有这些苦恼，因为自己知道该读哪些书，能读到什么程度，如何才能读得更好。她说，很享受阅读中的挑战，调整与再适应让自己觉得很刺激。听她那样说，我很是惭愧，头一次觉得读书上输给了学生。尽管当时我并不清楚她是如何读得自如自乐的，但认定她是一个善读的孩子。

郑钢在著作《怎样让孩子爱上阅读：培养积极的终身阅读者》中说："一个会自我监控阅读的读者，是负责任的阅读者。"多年后，当再次忆起那次交谈，我恍然明白，那个爱读书的女生就是那位能够自我监控的阅读者。而彼时，绝大部分同龄孩子对自身阅读还缺乏认知，更不用说进行有效监控、评价和调节了。

（一）阅读自识，阅读监控的前提。认识自己，方为明智。自知意味着对自己的准确定位，预示着以"我"开展的行为的精准与高效。同理，对阅读而言，自识自知是自我监控的基础和前提。

阅读自识，是读者对自己的阅读动力、背景知识、策略方法、阅读能力等的认识与评价，是阅读中自我意识的核心。它可以从读者阅读的自我感觉、自我概念、自我观察、自我分析及自我评价等不同方面和层次去认知评估（见图 31）。

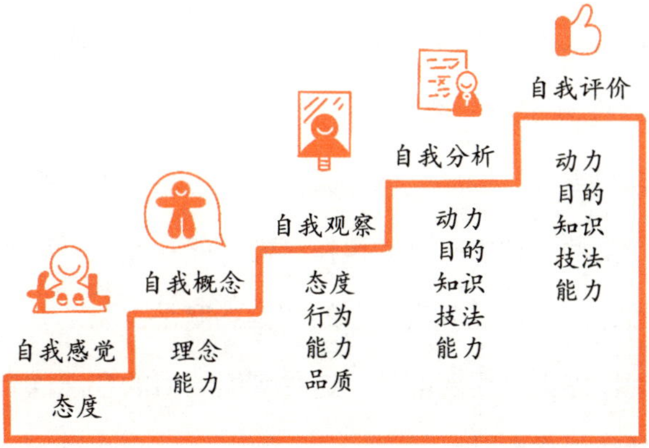

图 31　阅读自识的层次与内容

阅读的自我感觉，主要指读者是否愿意、喜欢读，以及有没有阅读的激情、热情和心境。例如，你在读一本书时，先要考虑自己喜不喜欢、愿不愿意读它，此时此刻有没有阅读的激情，对该类内容有无为阅读持久续航的热情，有无在场的良好阅读心态等。虽然自我感觉不够客观，但适度的自我感觉则可让读者保持积极的情绪情感和阅读心态。

阅读的自我概念，是指读者对当下以及未来自我在阅读理念、能力等方面的定位。未来的自我概念可以是理想中的，也可以是经过努力能够实现的。例如，你要读一本或几本主题图书，不妨给自己一个定位，目前或将来自己究竟是能读者、会读者还是善读者，抑或消遣型阅读者、实用型阅读者，再或是短期阅读者、终身阅读者。阅读的自我概念不仅有助于读者确定目标、制定策略，还能够强化读者决心、引导读者行动、激励读者付出、帮助读者积极归因，有利于读者阅读目的的实现。不过，孩子的自我概念受外界影响较大，且年级段越低越容易受影响。家长在阅读上要尽可能给孩子正向引导和暗示，使孩子形成积极、一致的自我概念。

阅读的自我观察，指读者对自己的阅读态度、行为、能力、品质等的客观审视。例如，你在阅读前，可冷静地审视自己的阅读是否自信、主动、独立、有阅读持续性，能否专注、自能、自治等品质。当然，你也可以观察自己的阅读态度是否端正、阅读状态是否良好、阅读能力是否匹配等。这种观察的目的在于读者诚实、客观、清晰地认识自我。

阅读的自我分析，指读者对自己的阅读动力、阅读目的与目标、相应的背景知识、掌握的策略方法、具备的阅读理解能力的分析。例如，你要读一本专业领域的书，在读之前就可以分析一下我为什么要读，读完能得到什么，要实现哪些具体目标，该用哪些策略方法，背景知识、阅读能力能否支撑阅读等。阅读的自我分析目的是为“知己”，为具体了解自己的优缺点，以便准确评价、精准施策。它可以是局部的，也可以是全面的，可以在阅读前，也可以在阅读中、阅读后。这里主要指阅读前的自我分析。

阅读的自我评价，是读者对自己的阅读动力、目的、知识、技法、能力等进行的判断和评估。它以正确地认识自我为前提，是自我意识发展趋于成熟的重要标志。自我批判是读者对自我评价内容的反思和检讨，是自我评价的高级阶段，是为发现自己存在的问题或缺陷，以便采取措施进行调整、改进或改正。阅读的自我批判会改变自我评价的标准，为读者提供新的价值尺度，进而加速自我意识的成熟。由于自我评价是读者自我调控、自我实现、自我发展和自我完善的前提，所以自我评价要客观、正确、实事求是。

作为阅读当局者，孩子进行自我认识并不是一件容易的事。家长应先明白阅读自识的层次与内容，抓住义务教育阶段这个自我意识的发展期，积极引导孩子树立自识意识，在阅读实践中开展自我认识。

（二）自我监控，成就高水平阅读。阅读的自我监控也称元认知监控，是对阅读认知的认知，是元认知中最核心的决定性成分，是一种高层次的阅读策略。准确地说，它应包括制订计划、监测控制、反馈评价、调节完善 4 个环节。

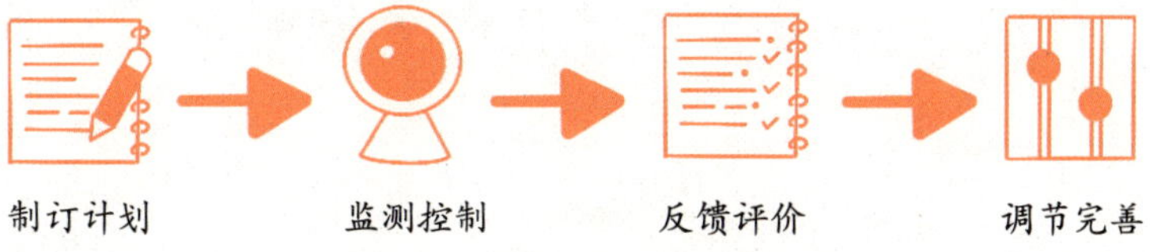

图 32　阅读自我监控的环节

自我监控是培养孩子高阶思维的有效工具，是思考型阅读者的必备能力，也是一个人走向独立阅读的重要标志。掌握自我监控策略，不仅有利于读者学会运用与阅读目的最为切合的阅读策略，还能定向、调控、修正认知策略，并补偿阅读技法的不足，同时还能帮助学生提高成绩。事实证明，自我监控策略提高的不仅是阅读理解能力，还有思维的品质、阅读的效率和效果。因此，所有阅读者都应有效掌握自我监控策略。

1. 阅读有计划，成效有保证。阅读之所以要有计划，是因为阅读计划不仅可以让你养成阅读习惯，实现阅读的自动化，降低阅读的综合成本，还可以让你系统、高效地建构知识，提升阅读能力，实现阅读效果最大化。例如，有了阅读计划，你就可以有针对性地买书，节省阅读的显性成本；可以合理地安排阅读时间，根据需求调动和配置认知资源，降低阅读的隐性成本，提升阅读的效率和效果。

表 4 “阅读计划”制订参考表

阶段目标	阅读目标																		
	兴趣			习惯				知识		技法		能力						效能	
	有趣	乐趣	志趣	计划性	「三自性」	策略性	输出性	语言知识	背景知识	策略	方法	自驱力	选择力	认读力	理解力	鉴赏力	迁移力	效率	效果
短期																			
中期																			
长期																			

阅读有计划，首在阅读目标的确定。目标对阅读具有导向、激励、调控和评价的作用。阅读的目标分为宏观目标和微观目标。

其中，宏观目标包括阅读的长期目标、中期（阶段性）目标和短期（当下）目标。长期目标的阅读应该具有一贯性，例如，我的人生需要哪类书的助力；中期目标的阅读应该具有针对性，例如，这个阶段我该读哪些、哪个层次的书；短期目标的阅读应该具有个性化，例如，结合自身当下需求想读、要读哪些书。

微观目标即阅读的具体目标，例如，我的阅读是培养兴趣、习惯，还是学习和训练策略方法，抑或积累知识、获得能力，再或是感受阅读体验等。尽管当下还有很多人反对有目标的功利性阅读，提倡无欲无求、随心率性地想读就读。但如果我们想成为高效的终身阅读者，目标性阅读绝对是阅读成功的必由之路。作为家长，我们就是要确保孩子阅读目标的适度、分层、可行，且能够高效地自主实现。

阅读有计划，关键在阅读文本、策略方法的选择及时间、认知资源的分配。制订了阅读计划，明确了阅读目标，你就会明白哪些书该买，哪些内容要读，哪个阶段该选什么层次的文本；你还会清楚针对不同的需求、文本，恰当地选择阅读的策略方法；你也会依据自我需求和文本价值，合理地安排阅读时间，配置注意力、记忆力、思考力、控制力等认知资源；你还会兼顾信息与知识、泛读与精读、克服短板与扩展优势、远期与近期投资等的平衡。因为每个人的时间、精力和认知资源都是有限的，彼时彼处占用、浪费了，此时此处就没有了。所以，家长要尝试引导孩子，以目标、时间和认知资源为标准制订阅读计划，逐步培养孩子精挑细选、统筹管理、灵活善用的计划能力。

2. 监测做到位，控制执行好。制订计划是阅读自我监控的前提，心理、行为等的监测控制才是核心。监测控制可针对阅读兴趣、态度、目标，及动机水平、情绪状态、专注程度等非智力因素，也可针对阅读计划、策略方法、知识调用、理解能力、阅读效果等智力因素。

阅读的自我监测，是读者依据阅读计划，按照特定标准和要求，对阅读的智力、非智力因素进行监督。例如，一个五年级孩子按照一次性阅读 30 分钟的要求，对自己的阅读专注度进行监测；按照 300 字 / 分钟的学段要求，对自己的默读速度进行监测；按照“多角度、多层次提出高质量问题”的要求，对阅读中的提问策略进行监测；按照复述性和阐释性理解的标准，对自己的文本理解能力进行监测；按照阅读计划清单，对阅读是否严格执行落实计划进行监测等。

阅读计划的自我监测，只有客观、全面、及时、准确地反映阅读的心理、行为情况，才能为阅读评价提供可靠依据。阅读监测做得越到位，读者越能准确了解阅读的状态和效果，也就越能做出有效评价，进而针对性提出调整策略。

思维的过程也是认知的过程，是阅读行为实施的过程。有意识控制，就是读者对监测要素的积极、主动、努力控制。目的是确保监测要素按照既定计划、标准、要求执行，而不出现意外。

例如，为确保养成每天阅读的习惯，王强同学给自己设置了固定的阅读时间，每次阅读都会利用闹钟提醒，严格遵守时间规定；为养成阅读时摘抄的习惯，王强特意为自己准备了标注日期的摘抄本，并悬挂在书桌最显眼的位置，同时每次阅读时，都要对摘抄内容自读三遍。王强同学的阅读时间规定、闹钟提醒、摘抄本选择及悬挂、自读摘抄内容都是对阅读行为的能动性控制。

研究表明，中低年级段的孩子，虽控制力较强，但这种控制力多是来自教师、家长等外力，属于被动的他控，而非真正意义上的自控。相对于依靠外力实现的他控力，孩子阅读的自我监测能力依旧较弱。孩子的自我监控能力在小学阶段发展相对较慢，进入初中后发展迅速，整体随着年级段的升高而不断提升。其中，高年级段是孩子自我监控能力的转折期，监控从他力、被动、单一、局部、外在、刻意，逐步转变为自我、自主、多元、整体、内在、自动化监控。家长首先要理解孩子从他控到自控的发展规律；其次，要逐步培养孩子阅读的自我监控意识和能力。

3. 反馈看效果，评价好决策。通俗地说，自我反馈就是读者的阅读心理、行为等产生的效果和反应。由于阅读心理、行为等是阅读中监测控制的对象，所以效果和反应也是与计划、目标、标准对照、比较的结果。也可以称为自我检查或自我复盘。阅读的自我反馈至少要做以下工作：比照阅读计划、目标和标准，分析监控要素的当下效果；对要坚持还是改进给出自己的判断；给出坚持或改进的理由和建议。

例如，五年级学生李菡为训练阅读理解率，计划以 600 字 / 分钟的速度默读一本儿童小说，实现 80% 的正确理解率。她通过自我监控发现，只能平均每分钟读 510 字，且文本的正确理解率只有 60%。她将结果与计划进行比照，得出计划制订失误，阅读速度偏快影响文本理解率的结论。她认为，过高地估计自己的阅读效率，导致计划脱离实际，只有降低阅读速度，才能实现较高理解率。于是，她决定在实际阅读速度的基础上，再适当降低阅读速度。经过调整，她以平均每分钟420字的默读速度，实现了75%的正确理解率。

李菡同学将结果与计划进行比照得出结论，做出改变计划的决定，给出再度降低阅读速度的建议，都属于阅读的自我反馈。这种及时、正确、清晰的有效反馈，恰好有助于读者做出客观的自我评价和正确调整。

这里的评价主要指阅读中、阅读后的评估，包括对阅读目标实现程度、计划实施的流畅度、背景知识的支撑度，以及技法运用的熟练度、阅读体验的满意度等指标的评判。案例中李菡同学做出“过高地估计自己的阅读效率，导致计划脱离实际，只有降低阅读速度，才能实现较高理解率”的分析判断，即是对阅读的自我评价。

家长需要明白，阅读评价要有效，不能大而空且无针对性，不能自欺欺人而无实用性；阅读评价是动态发展的，阅读前、阅读中、阅读后的评价各不相同；阅读评价没有统一标准，不同的孩子、不同的学段、不同的文本各有尺度，且随着学段升高、阅读力增强，评价的标准会逐层递升，如评价要求更高、主体更多元、方式更多样等。除对具体的阅读要素评价外，家长还要引导孩子逐渐学会对阅读品质的评价，如对阅读自主性、持续性、流畅性和高效性的评价。

4. 修正保完成，调节求高效。阅读反馈评价的结果只有两个，要么按计划继续监控，要么对既定计划进行调整、完善，同时继续进行阅读监控。而后者是我们改变阅读标准、改进阅读进程、提高阅读效率的主要途径。

有人说，真正的智者懂得掌握自己人生的方向盘，在错误的道路上及时刹车，并找到真正适合自己的道路。阅读的自我监控也一样，发现阅读偏离了既定轨道，就要及时止损，想办法予以修正，以求阅读目标的顺利实现。案例中李菡同学及时调整阅读策略，在实际阅读速度基础上，再次降低阅读速度，就是对既定计划、阅读行为的修正，而最终以平均 420 字 / 分钟的默读速度，实现 75% 的正确理解率，则是调节带来的效果。我们要明白，所有的阅读计划都不是固定不变的，所有的阅读行为都是在计划与调整中摸索前行的。

再如，四年级学生马翔为培养持续阅读的习惯，制订了每天阅读 40 分钟的计划，但由于课后作业较多，加之自己选报了学校延迟服务的兴趣班，放学后已难以完成每天 40 分钟的阅读任务。为此，他对原来的阅读计划提出了两种修正方案：一是将每天阅读 40 分钟，改为每天阅读 20 分钟；二是将晚上集中阅读 40 分钟，改为早、中、晚各阅读 15 分钟。经过评估，他最终选择第二种方案，既保证了阅读时间，又达到了阅读效果。

然而，很多中低学段的孩子，在面对阅读受挫时，常会选择顺其自然或自我放弃。因为修正和调节意味着改变，改变则意味着更多付出。此时，就需要家长积极地引导和辅助孩子的阅读修正和调节。阅读的修正、调节，不仅是为确保阅读的顺利完成，更是为寻找最优的阅读方案，为实现阅读效能的最大化。

高效的阅读是多种阅读策略综合、灵活和个性化运用的结果。所以，家长既要引导孩子针对性学习预测、提问、图像化、监控等单一策略，又要培养孩子综合运用多种策略的意识和能力。

第四章

六大能力，重塑核心阅读力

第一节 自驱力，自主阅读的力量之源

美国作家拿破仑·希尔说：“自驱力是成功的关键，它会使你成为你想成为的人。”对阅读而言，自驱力是指驱动读者阅读的内在动力和技能，主要包括动机、兴趣、技能和习惯等。从阅读力角度看，以动力为主的自驱力，也可视为一种隐性的阅读能力。

图 33 阅读自驱力

国际儿童读物联盟原主席张明舟说：“童年时阅读兴趣、阅读能力和阅读习惯的养成，有利于培养终身读者和终身学习者。”美国心理学家威廉·斯蒂克斯鲁德说过：“我们要做的是帮助孩子自

己激励自己。如果教师能培养学生的自主性，就能催化学生的内在动机和追求挑战的意愿。如果父母能培养孩子的自主性，孩子则更可能探索自身兴趣并注重自我成长。”

一、动机是启动要读的引擎

没有动机的行动不存在，没有动机的阅读也不存在。

宁波的邹女士最近甚是苦恼，原因在于上三年级后，孩子的阅读就再也无法坚持了。她表示，一、二年级时，由于语文老师每天都布置半小时的阅读任务，孩子做完作业会自觉地坚持读半小时，然后让家长签字确认。可以说，孩子阅读上从未让家长操过心。

进入三年级后，由于作业增多，之前的阅读任务变成了自主阅读，不再限定阅读书目、阅读时间，也不再需要家长签字，甚至群里发的作业也不见了阅读。从此，孩子的阅读就成了“三天打鱼，两天晒网”。如果不提醒或要求，孩子基本很少主动阅读。邹女士原希望通过教师的阅读任务，使孩子养成阅读的习惯，但结果让她很焦虑。

邹女士孩子的情况很普遍，有不少家长也曾向我反映过此类问题。其实，在教师和孩子那里，阅读并不是作业，尤其是当学业重、作业多时，阅读就自然而然地被牺牲了。上述案例中，孩子一二年级时的主动阅读只是表象，一种为完成教师任务而做出的持续阅读假象。这个阶段，驱动孩子阅读的是外在任务，是教师的压力。也即说，很多孩子并不是基于个人的内在需求而阅读。一旦教师不再强制要求，不再从形式上予以重视，甚至有意无意地挤占阅读时间，孩子自然就不会再阅读。因为，外在驱动消失时，并未伴随内在需求的出现。

阅读是一种目的性、动机性很强的智力活动。作为非智力因素核心的动机，无论是外因性还是内因性的，都对阅读行为具有启动作用。但仅依靠强制性任务、物质激励等外在因素驱动，阅读很难实现心理、行为上的自觉、主动和独立，更难以持久。在某些阶段，外因性动机是需要的，但只能作为辅助性措施，服务于阅读的内因性动机。

家长既不能被外因性动机带来的表象所迷惑，更不能盲信外因性动机的作用。只有基于好奇心、自尊心、好胜心、上进心、责任心等产生的娱乐消遣、倾诉交流、荣誉利益、理想信念、自我实现的内因性动机，才是更强劲、稳定、持久的驱动。因为它是内在、自驱的，不仅有着明确的需求、特定的目的，而且能够激发个人自主性，使阅读不依靠外部激励和推动而自动自发。换言之，孩子具有内在阅读动机，就等于自己要读，而非他人引诱或强制着去读。只有孩子自己要读，自主阅读才有可能实现。

内在动机有很多，但并不存在哪个最好。家长要做的是根据认知和需求，激发孩子的阅读动机，或引导孩子寻找适合自己的阅读动机。例如，孩子不爱读书，可从有趣、有意思的图书读起，以激发孩子的阅读兴趣；教师推荐了一套宇宙科普书籍，家长可从好奇心、探索精神或知识积累上，引导孩子建立阅读动机。每个孩子的认知水平、个人需求、阅读能力不同，阅读动机也会不同，只要适合孩子自己、不过高过强的动机都是恰当的。

阅读动机并非越多、越高就越好。有时，阅读动机可能不止一个，但并非越多越好。家长不要奢望孩子带着更多需求去阅读，更不要妄想每次阅读都能实现多个目的。孩子能够带着合适、明确的动机阅读，并努力去实现目标即可。同时，家长不要苛求孩子阅读动机的高下和强弱。例如，有家长看到别家孩子都在为文史知识积累、个人情绪管理、理财意识培养而阅读，而自家孩子还在看米小圈、马小跳、开心锤锤等，瞬间就不淡定了，觉得两者动机完全不在一个层次上；还有的家长看到别家孩子为实现需求全力以赴，而自家孩子对需求只是顺其自然，内心就很失落，认为孩子动力不足。实际上，我们不用羡慕别人动机的层次和强度，适合孩子自我需求、符合自我期望的阅读动机才是最好的。脱离实际、强度过大的阅读动机，只能给孩子带来焦虑和失望。

家长应该引导孩子建立适己、适量、适度的阅读内在动机，让自驱力激发孩子的阅读自觉。

二、兴趣是驱动想读的动力

前面已确认，兴趣并不能成就优秀的阅读者，靠兴趣为阅读保驾护航是危险的，兴趣阅读的阶段性难以支撑持续阅读。尽管如此，作为内驱力的兴趣依然深刻影响着阅读。

魏女士是河北廊坊的一位小学语文教师，希望我推荐一些培养孩子阅读兴趣的书给家长们。经过了解才明白，原来学校一直在搞“每日阅读”活动，但很多家长表示孩子不喜欢读书。为通过家校合作推动课外阅读，魏老师觉得家长可以发挥更大作用。

于是，我便推荐了六本书：《让孩子爱上阅读：父母和教师该怎么做》（丹尼尔·威林厄姆）、《帮助你的孩子爱上阅读》（爱丽森·戴维）、《让孩子爱上阅读：英国爸爸的读书养成法》（亚历克斯·约翰逊）、《如何让孩子爱上阅读》（梅根·戴利）、《如何让孩子爱上阅读：28天家庭阅读养成计划》（金基龙）、《如何爱上阅读》（宋家博）。

我很清楚，自己推荐的小书单虽都打着“爱上阅读”的名义，但让孩子爱上阅读并不容易。它不只是兴趣的事，也不只是某个学段的事，更不只是孩子个人的事。父母都希望孩子爱上阅读，但阅读兴趣的培养往往是最难的。

阅读兴趣培养，先要知道兴趣来源。阅读的兴趣源自何处呢？你可以说，兴趣来自环境和激励；还可以说，兴趣来自对新鲜事物的好奇、未经历的尝试；也可以说，兴趣来自阅读带来的愉悦感、成就感。以上都对，但哪个才是最根本的呢？我认为，阅读兴趣源于需求，强化于价值体验。如果说偶尔喜欢阅读是出于新鲜、好奇、激励，是因为阅读有趣、有意思，那么长时间喜欢阅读，一定是出于自我需求和目标的实现，是因为阅读有意义、有价值。

阅读兴趣培养，有效的方法是关键。结合阅读兴趣的来源，我们可通过以下几方面培养孩子的阅读兴趣。

※ 创设和谐的阅读环境，如独立的阅读空间、父母的阅读示范、适时的阅读激励、丰富的阅读活动、自主选读的权利等，以提升孩子阅读体验的舒适感。

※ 提供多元、丰富、有意思、有意义的图书，给孩子更多选择机会，发掘孩子的兴趣点，激发孩子的阅读兴趣，同时兼顾孩子各种阅读需求。

※ 提供阅读方法、策略的有效指导，让孩子享受能读、会读的胜任感。

※ 借助结果和效能期待，强化阅读自信和决心，提高孩子自我效能感。

※ 培养孩子认真、积极的阅读态度，宽松、专注的阅读心境，稳定、持久、主动的阅读热情，使孩子感受阅读体验的愉悦感。

※ 将阅读与输出相结合，通过学以致用，让孩子体验阅读价值的获得感。

※ 抓住孩子阅读兴趣培养关键期，选择适合孩子兴趣的书，实现从感官兴趣到自觉兴趣、潜在兴趣的转变，从趣读到乐读的转变，从注重他人感受、外部反馈，到自我内在满足的转变。

心理学实验证明，浓厚的兴趣可以调动人 80% 以上的潜能。

当兴趣发展到一定程度，还会演变为爱好乃至特长。那时，兴趣驱动的“想读”，将具有持久、稳定的动力。但家长需要明白，对于大多数孩子来说，将阅读兴趣发展为特长，只是一种理想化追求。家长要做的是让孩子自由自在地阅读自己喜欢的书籍，并一步步提升孩子阅读兴趣的层次。同时，切记不要逼迫孩子读他不喜欢的书，读不懂的书；也不要规定孩子必须读什么、怎么读；更不要强制孩子写读后感、汇报阅读成果。

三、技能是阅读自主的保障

孩子有具体需求了，自己要读；有自觉兴趣了，自己想读。但如果阅读缺少方法、策略及能力，读而不理解，读而不能迁移，读而低质低效，那么孩子还能够自主阅读和持续阅读吗?

教小学四年级的祁老师是自主阅读的坚定倡导者。她反映，班里的学生都很听话，布置的课外阅读任务也基本能完成。为给学生留出更多阅读时间，她尽可能地压缩作业量，甚至还精心设置了不少阅读奖励。但学生仅限于读了和读完，整体阅读效果并不好。

她也给学生讲阅读策略、方法，但更注重学生的自主阅读。她认为，熟练阅读只是少数人的专属技能，不应将技法过多地塞给学生，只要阅读，大量地读，学生自然而然就会掌握阅读技能。她甚至反对让学生频繁地进行阅读理解训练，所以很少留这类作业。对此，有家长觉得孩子是幸运的，但也有焦虑的家长表示质疑。面对这种情况，一向坚定的她陷入了迷茫。

祁老师倡导学生自主阅读，出发点是好的，但为何会出现学生整体阅读效果不好呢？从她的阅读理念来看，显然深受某些专家影响。比如，《如何阅读》的作者马克·塞登伯格就曾说过，“学生主动发现阅读的奥秘远比被动接受阅读教育更有价值”“教师的作用不是教会学生阅读”“如果过多地讲授基本技能，实际上对于学生来说是有害的，学生接触的基本技能应该越少越好”。但他同样说过：“阅读这项技能并不容易为人所掌握，许多孩子要经过辅导才能学会阅读，大多数人也都需要耗费很长时间才能掌握这项技能。”他还指出：“认为儿童不需要指导就能够学会阅读，显然是一种错误。”

自主阅读和应试阅读不应被对立，阅读理想与现实教育也应被平衡。自主阅读是阅读教育的理想目标，而自由阅读只是其一方面。没有自觉、自动的自由阅读，很难积极与主动，没有自能、自治的自由阅读，很难持久与高效。缺少阅读策略、方法、能力的支撑，孩子的阅读就可能因“不会”而无法自主，因“不善”而低质低效。阅读作为一种技能，不仅需要教授学习，更需要刻意训练。

阅读的策略、方法不是要不要教与学，而是在一定学段，必须及时、准确地教给孩子，使其在阅读中不断实践，最终掌握这些能力。加拿大心理学家基思·斯坦诺维奇曾说:“启蒙阶段，阅读能力越强，孩子随后的学习能力越强。”“阅读能力增长缓慢，会导致孩子在认知行为和动机方面的负面积累，阻碍孩子认知能力的发展，并影响孩子的学习成绩。”尽管我们无法让每个孩子都成为善读者，但教授阅读策略方法、培养阅读能力，至少可以让更多孩子成为会读者，以便减少能力上的阅读障碍，让阅读的质量更高、效果更好。

策略、方法的刻意练习形成能力，能力的刻意练习成就习惯。研究发现，阅读技能可以通过大量练习进行强化和掌握。大量练习、反复训练不是简单地重复，更不是大量刷题，而是高效地刻意练习。刻意练习是最科学的精进方法，尤其对技能的训练更为有效。阅读策略、方法、能力的刻意练习，离不开正确、有效的方法。

※ 主动发起练习的行为，自我设定训练的明确目的、具体目标。

※ 确保专注的精力投入和充足的训练时间。

※ 制订可行计划，实施有效监控，及时反馈和调节。

※ 真实环境的反复训练、专项强化，突破舒适区。

美国心理学教授安德斯·艾利克森说:“如果你没有进步，并不是因为你缺少天赋，而是因为你没有用正确的方法练习。”以上4点，就是刻意练习必备的方法。父母要做的就是依据上面方法，成为孩子刻意练习的导师，指导孩子学习浏览、概读、解读、赏读等阅读方法，预测、提问、图像化、联结、监控、推理等策略，进行理解力、鉴赏力、迁移力、选择力等能力的训练，使策略、方法发展为能力，使能力成为自主阅读的内驱力。

四、习惯能推动阅读自动化

教育家叶圣陶说："阅读教学之目的，我以为首在养成读书之良好习惯。"之所以将习惯作为阅读培养的首要任务，是因为良好的阅读习惯，是阅读教学培养的重要目标，是培养阅读能力的最终归宿，还是高效率、高质量阅读的标准。

此外，阅读习惯也是推动自主阅读的自动化动力。我们知道，习惯是自动化了的思维和行为方式，具有稳定性和自驱性特点。高效的阅读首在区分自动化与复杂性任务。阅读作为一项基本的智慧技能，应该达到自动化的程度。

在线下阅读活动中，有两位家长分享了孩子的阅读习惯。事后，我对她们的分享做了总结。胡女士女儿的阅读习惯有两点：一是每天阅读 15 页；二是每天睡前读书。卢先生儿子的阅读习惯有三点：一是每天阅读半小时；二是利用课间、饭后、睡前时间阅读；三是阅读时坚持圈点勾画。

这两位家长的分享主要涉及两大阅读习惯：坚持定时、定点、定量阅读；使用阅读策略。至于如何培养以上阅读习惯，措施可谓花样繁多。有定闹钟的，做标记的，还有家长监督的，更有把书堆在床头的。且不论这些措施是否科学、有效，但很显然，无论家长还是孩子，都在为阅读习惯的培养而努力。

什么才是良好的阅读习惯呢？对于不同读者而言，好的阅读习惯可能有不同的形式和解释。但我认为，好的阅读习惯至少应包括计划性、“三自”性、策略性和输出性四大品质。

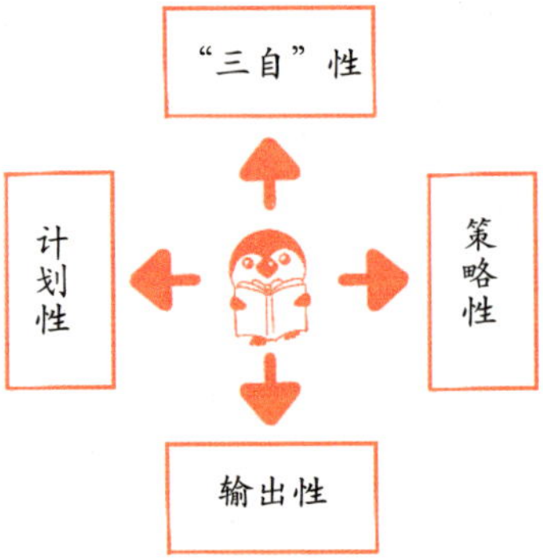

图 34　阅读习惯的四个品质

计划性，加速阅读习惯培养。在监控策略中，阅读计划的作用已经很明确：养成阅读习惯、实现阅读自动化、降低阅读成本、提升阅读效果等。这里主要强调阅读计划的两个主要品质：目标性和持续性。

目标性是指阅读长期目标的一贯性、中期目标的针对性、短期目标的个性化、微观目标的具体化。例如，小学要读哪几类书，低年级段要读哪个层次的书，这学期要读哪几本书，每天的阅读目的、目标又是什么。由于读者个体、人生阶段、教育学段不同，每个人的阅读目的、目标也会各异，只要适合自己即可。

持续性主要指坚持阅读，即通常所理解的狭义阅读习惯。美国教师唐娜琳·米勒说：“小学低年级段是养成读书习惯的关键时期。”韩国教师金基龙说：“小学低年级的阅读习惯，可以完全靠父母的努力来养成。”我认为，他们眼中的阅读习惯，大概率就是生活中阅读的习惯和坚持阅读的习惯。定时、定点、定量的阅读，虽然有利于持续性习惯的养成，但对于部分孩子来说，可能还有赖于自己的勤奋、意志，以及家长的监督。不过，真正的阅读持续性，并不一定非要定时、定点、定量，只要阅读的时间连续、持久、稳定，阅读量有保障即可。

“三自”性，开启阅读自主之行。不少家长都曾问过这样的问题：要不要给孩子读书，亲子阅读要坚持多久才合适？其实，如果明白为孩子读书、亲子共读的目的，这就不再是问题了。当孩子的阅读兴趣被激发，计划性、“三自”性阅读习惯逐渐养成，亲子阅读自然就可以停止。尤其是，当孩子对阅读有认识、有自我效能感、自己愿意阅读，能够主动、独立阅读，即实现阅读的自觉、自动和自由，家长就可以不用陪伴了。至于说孩子何时才能具备“三自”性阅读，答案并不统一。孩子所处地区、家庭条件、家长阅读认知、学校阅读教育等，都会影响孩子阅读“三自”性的实现。一般来说，小学低年级段结束，最迟到中年级段，重视阅读的家长，基本可完成对孩子“三自”性阅读习惯的培养。

策略性，让阅读自能又自洽。当孩子具备计划性、“三自”性阅读习惯，家长虽然不用再伴读，但并不意味着家长就可以撒手不管。进入小学中年级段，家长需要引导孩子侧重对阅读方法、策略的学习和训练。家长对阅读策略、方法的有效指导将有助于孩子能读、会读。尤其是对元认知策略的掌握，不仅能让孩子的阅读更高效，还有利于提升孩子的自我效能感。孩子越会读，就越想读，越想读也就越常读，有策略地读多了，自然就形成了习惯。

输出性，让自主阅读增值。阅读的根本动力不在兴趣、情感，也不在能力，更不在意志，而在基于真实需求的价值体验。换句话说，就是阅读能够带给读者什么价值，能够解决读者什么问题。但现实是，对输出的忽视使孩子的阅读价值感较低。由于孩子读后很少迁移输出，这就导致获取的知识、技能、情志，无法实现在真实语境下的实践应用。知识、技能、情志不能得以强化和再生，也就不能为孩子带来切实的价值。如此，孩子又为何要阅读，又怎么能自主阅读呢？因此，家长一定要注重孩子的阅读输出。无论是分享、交流，还是阐释、写作，抑或解决生活中的相关问题，都应成为孩子阅读输出的选项。可以说，积极、多元、有针对性地输出，会让孩子的自主阅读增值。

第二节　选择力，高效阅读的第一智慧

高效地阅读，离不开正确的选择。阅读的选择主要包括书籍的选择和策略方法的选择。书籍的选择主要遵循顺应规律、适合自己、重质保量、自选他助4个原则，策略方法的选择主要依据阅读目的、文本特点和孩子学情3个标准。

一、会选书，才能有效读书

你可能经常听到有孩子抱怨，“读书有啥用”“读书纯粹浪费时间”“读后什么也没得到”，等等。其实，不是孩子不喜欢读书，而是不会选书和读书，未能从阅读中收获愉悦体验和应有价值。教育家于漪说：“阅读必须选择，没有选择的阅读，是阅读的浪费，也是时间和生命的浪费；有选择而不能正确选择的阅读，是阅读的迷误，甚至是自我戕害。”在阅读资源丰富时，选比读更重要。

在多年的教学教研中，常有家长、教师让我给孩子们推荐阅读书目，其中包括同步学案、阅读理解、作文写作等教辅类书籍。为此，我先后分享过新阅读研究所发布的《中国小学生基础阅读书目》《中国初中生基础阅读书目》，窦桂梅、张祖庆等名师推荐的阅读书目，以及我个人发布的《小学生课外阅读经典书目》《初中生课外阅读经典书目》，等等。

除根据一些孩子的特定需求推荐外，其他的图书推荐基本是普适性的。但恰恰是这些，也被家长们视若珍宝。可见，面对孩子的选书，家长们是充满渴求，却又是无力的，更不用说精选好书了。

在信息极度丰富的当下，阅读必须有高度的选择性。但面对选书，不仅孩子迷茫、家长盲目，就连一线教师也比较头疼。一方面，图书品类太过丰富，且同质化严重；另一方面，好书的标准不统一，各种评选五花八门。但这并不意味着，好书没有标准，没有办法选择。相反，为孩子选好书，引导孩子自选好书，应成为家长的必修课。下面，将为大家提供选书的 4 个原则。

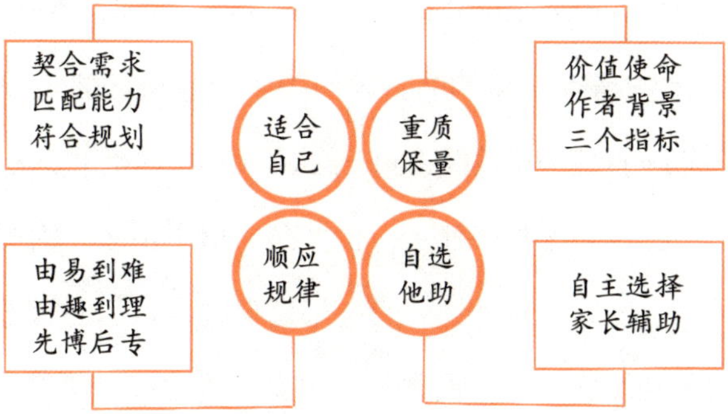

图 35　选书的 4 个原则

1. 适合自己。温儒敏教授曾表示，凡是我们指定的阅读书目，孩子们都不感兴趣。尽管我也会推荐一些普适性的书目，但更希望能结合每个孩子的自我需求和能力，挑选适合孩子自己的书籍。关于什么才是适合自己的书籍，第一章第二节已有所探讨。这里，将从契合需求、匹配能力、符合规划 3 方面具体分析。

契合需求，选有用的书。选书与读书，首先是为满足自我需求。无论是休闲娱乐、增长见识、丰富体验，还是培养思维、提升能力，抑或解决现实问题，都需要选择合适的书。只有适合的书，才能针对性提供所需的价值。例如，要培养一、二年级孩子的阅读兴趣，可以选择紧扣孩子年龄、反映校园生活的《米小圈上学记》《姜小牙上学记》。它们可能称不上儿童文学的经典，但简洁明快的画风、个性鲜明的人物、精彩有趣的情节、诙谐幽默的语言等，非常符合孩子的娱乐与审美需求，很容易激发孩子的阅读兴趣。如果不考虑孩子真实需求，盲目地选择所谓的经典，既不能解决孩子所需，还会白白浪费时间。

匹配能力，选择对的书。大家公认的经典书，为何孩子却读不下去？别人觉得有意思的书，为何孩子读起来却感觉没劲？美国心理学家诺尔·迪奇有个著名的“三区理论”。他把知识、技能的学习分为舒适区、学习区和恐慌区。很多孩子读不下去，大概率是闯进了自己的阅读恐慌区。也即说，有些书看似经典，但对孩子来说，远超出他们的认知能力范围。例如，不少家长认为孩子读书就应该读经典，于是不管孩子阅读能力水平，拿几本大部头名著就硬塞给孩子。见孩子不读，便抱怨孩子有好书不读，尽看些乱七八糟的垃圾东西。

对于中低年级段的孩子来说，盲目阅读名著，只能让孩子感到焦虑、恐慌，并且想要逃离。当然，想让孩子早点接触名著的家长，也可以选择与孩子能力相应的青少版名著，如注音版、删减版、改编版、漫画版等。需要注意的是，青少版名著虽降低了阅读门槛，但由于出版社对阅读无障碍性、经典市场化的追求，以及改编者水平参差不齐，很难确保其忠于原著、再现精华及适配儿童阅读能力。因此，选择青少版名著务必仔细甄别。

有些书读起来感觉没劲，可能这些书处在别人的学习区，却在自己的舒适区。如果孩子的知识技能已然熟练，读起来内容太过熟悉，理解起来太过简单，就会因缺乏新颖和挑战而倍感乏味。不论是过于简单，还是过于艰涩，都无法让孩子体验到阅读的愉悦。所以，千万不要选择与孩子能力不匹配的书，更不要强迫孩子读他们完全不懂的书。

符合规划，选有效的书。“给孩子买的书，放在那没有读过”“孩子见什么书都想买，买了又不读”。相信不少家长都有过相似的苦恼。选好的书孩子为何不读？原因可能有很多，但至少这些书不在孩子的阅读计划之内。或者孩子压根就没有自己的阅读计划。虽然没有哪本书是必须读的，但有些书的确是应该读的。依据阅读规划，选该选的书、读该读的书就是有效的。减少可读可不读的书，最好的方法不是少买书，而是依据规划买书。

前面已分析过阅读计划的好处，尤其是针对性选书、读书，对阅读成本节省、阅读效果提升的好处。实际上，选书和阅读都属于投资，既然是给自己的人生投资，就不得不考虑投资的成本和收益。所以，家长要远近兼顾，引导孩子制订长期、中期、短期的阅读计划，以降低错选书、误读书带来的成本。

同时，为更有效、系统地阅读，孩子的选书还有必要考虑书籍的合理配伍。例如，孩子为自己制订了古诗文阅读计划，那么，就要依据书籍的层次、梯度，考虑短期选哪些书，中期和长期又该选哪些书；依据书籍的核心关联度，考虑横断联系上选哪些书，纵贯、深向联系上又分别该选哪些书。有阅读规划做依据，你就会很明确，哪些书该选，哪些书不用选，而不至于见书就买，买后便束之高阁。尽管你读得可能比较杂，但一定要杂中有序，杂而高效。

2. 顺应规律。选书本身没有规律，但阅读发展有规律、孩子成长有规律。所以，选书要顺应这些规律。对中小学生而言，最重要的就是选书要符合学情。整体而言，就是由易到难、由趣到理、先博后专等。这就需要家长了解孩子的阅读理解能力，根据孩子的阅读发展，有梯度地选择难易适中的书；为孩子选书要从有意思、有趣味入手，逐步过渡到有道理、有意义；要先在横向、纵向上求阅读内容的广博，然后在深向上求阅读知识的精专。为方便家长、孩子更准确地选书，我结合《义务教育语文课程标准》等，从主题、题材、体裁、类型方面给出义务教育各学段的阅读选书标准（见表 5）。

表 5　义务教育各学段阅读选书标准

标准 学段		学段			
		第一学段 （1～2 年级）	**第二学段** （3～4 年级）	**第三学段** （5～6 年级）	**第四学段** （7～9 年级）
标准	主题	**单主题**：童心、童真、童趣、亲情、友情等	**多主题**：信念、独立、奋斗、归属感等	**多主题**：隐含、复杂、抽象的主题；友情、亲情；冒险、探索精神；励志、叛逆、生死、社会问题等	**多主题**：多元、深刻、抽象的主题；友情、亲情、爱情、生死、苦难、社会问题等
	题材	个人、家庭、校园生活；革命人物的童年；自然、科学	个人、家庭、校园生活；历史、革命、爱国、冒险、幻想、社会、科学	人与自然、人与家庭、人与社会、少年成长；革命、战争；现实、冒险、悬疑、幻想；科学发明、知识科普	青春期成长、校园生活；个人与他人、社会；革命、武侠、推理、科学、文艺等
	体裁	**诗歌**：儿歌、童谣、童诗、古诗 **故事**：浅显的童话故事、民间故事、神话故事、寓言故事、成语故事等 **其他**：儿童散文；简短的说明性文本；通告、说明书、科普类文本	**诗歌**：童诗、古诗，浅近的中外诗、散文诗 **故事**：相对复杂的童话故事、寓言故事、神话故事、儿童故事（小说）、动物故事（小说）、历史故事（小说）、幻想小说等 **其他**：浅近的文言文，儿童散文、科学短文、人物传记；简单的说明性文本；说明书、科普类文本等	**诗歌**：童诗、古诗、现代诗、散文诗等 **故事**：哲人故事、寓言故事、成语故事等；长篇童话、动物小说、儿童小说、历史小说、古白话小说 **其他**：现当代散文，难度适中的古代散文、文言文；回忆录、传记及其他记叙性文本；简单剧本；说明书、演讲词、考察报告等；简单的说明性、议论性文本及非连续文本	**诗歌**：古今中外诗歌集 **小说**：古今中外小说及小说集 **散文**：古今中外散文及散文集 **其他**：戏剧、传记、回忆录、评论；计划、报告、说明书等；其他说明性、议论性文本及非连续文本
	类型	绘本书、连环画书、桥梁书	连环画书、漫画书、章节书	漫画书、章节书	章节书

学段阅读选书标准只是通用型准则，并不一定适合所有孩子。家长可结合孩子的阅读需求和能力，参考性使用该标准。

3. 重质保量。好书也许不一定是经典，但一定质量过硬。那么，如何才能精选出高质量的好书呢？

首先，看一本书的价值使命。选书要了解它能给你带来什么，尤其是能给这个领域带来什么，甚至改变和发展什么。如《作文有规律：我的小学创意写作课》，这本书的价值是为孩子提供写作的规律、标准与方法技巧，帮助孩子建立写作的体系，使命是以写作规律指导小学生作文的系统学习。它致力于改变孩子作文学习中背范文、套模板的不科学行为，孤立、凌乱的不系统局面，以及千篇一律、盲目低效的状态。家长为孩子选书，既要看它对孩子阅读的价值，也要判断其在同类书籍中的优势。所有的书都有价值，但并不是每本书都自带使命。有使命感的书籍不一定畅销，但一定是这个领域相对优秀的。因此，这也是家长选书时应重点关注的。

其次，了解作者的综合背景。作者的综合背景包括教育背景、职业背景、写作成果和生活经历。从教育背景可判断一本书的专业性是否够强；从职业背景可了解作者的实践经验、判断书的实用价值；从写作成果可分析作者的写作方向和写作能力；从生活经历可了解作者的生命体验和写作使命感。

例如，在为学生们推荐作文书籍时，针对作者我曾给出过一个参考标准：研究型教师作家＞作家型教师＞研究型教师＞经验型作家＞网红型教师＞经验型教师。研究型教师作家具备写作、教学和研究三重能力，是理想的作文图书作者；作家型教师具备写作和教学双能力，有写作实践和教学经验，但缺乏教研能力；研究型教师具备教研和教学双能力，有作文及教学理论和教学经验，但缺乏写作能力；经验型作家有写作经验，但缺乏作文教学实践和作文教研能力；网红型教师有作文教学经验及广泛受众，但缺乏写作实践和教研能力；经验型教师有长期作文教学实践，但缺乏写作能力和教研能力。

当然，并非选所有书都要参考作者的综合背景，不同类型的书籍参考的作者背景也会不同。例如，文学类书籍多参考作者的写作成果和生活经历；知识类书籍多参考作者的教育背景；实用类书籍多参考作者的职业背景。为孩子选书时，对于非专业、跨领域作者的知识类、实用类书籍，选择时务必要慎重。

最后，看选书的“三个指标”。不同的人选书，有不同的指标。这里，主要分享获奖、推荐、榜单三个常见的通用指标。

其一，获奖是衡量图书质量的重要尺度。虽然好书不一定获奖，但获奖的图书质量上一定不会差。获得国内外知名奖项的图书，都可作为我们选书的参考。例如，针对文学的诺贝尔文学奖、卡夫卡文学奖、国际安徒生奖、普利策文学奖、林德格伦儿童文学奖、纽伯瑞儿童文学奖、雨果奖、茅盾文学奖、鲁迅文学奖、老舍文学奖、庄重文文学奖、冰心文学奖、冯牧文学奖、人民文学奖、全国优秀儿童文学奖、骏马奖、华语文学传媒大奖等，针对图书的“五个一工程”奖、中国出版政府图书奖、中华优秀出版物奖、文津图书奖等。

其二，推荐是读者对图书的最直接肯定。不知选什么书的家长，可以多看权威推荐、评分推荐和好评推荐。权威推荐包括媒体机构、名社名校、专家名师、读书达人推荐的书单，以及专家名师对图书的推荐语等。权威推荐，是业内对图书质量的肯定。评分推荐主要包括豆瓣读书的评分，微信读书的推荐值，当当、京东图书的好评度等。评分推荐，是读者对图书质量的认可。好评推荐主要指淘宝、京东、当当、拼多多、抖音等平台读者对图书的评价。好评量越大、好评占比越高，图书的认可度就越高。

其三，榜单是图书品质的风向标。在天猫、当当、京东等电商平台，都会有各种图书的畅销榜、热销榜、好评榜。一般来说，畅销榜、好评榜上的图书质量多有保障，可作为家长选书的参考标准。它可以让你知道，大家都在读哪些书。然而，在营销占比越来越大的图书时代，一本书的畅销与否不再仅依靠质量，营销费用、时间精力、打折让利、热点炒作等，都可能成为图书畅销的主导因素。所以，以榜单为标准进行选书，最好同时参考读者的评价推荐。

只有善于选书，才能够善于读书。中小学生选书，只需选出适合自己、符合规律的适量、高质图书即可，无须贪多。

4. 自选他助。这些书是由孩子自己选，还是家长帮助选呢？

从长远来看，阅读是为培养高效的自主阅读者。自主阅读的重要标准就是独立阅读，而独立阅读的起点是独立选书。因此，一定要鼓励孩子独立选书，培养孩子自主选书的能力。孩子自己选的书，相对更符合自己的兴趣，契合自己的需求，也更匹配自己的能力。《儿童与家庭阅读报告》显示，80% 的人认为，读完自己选择的书会产生一种成就感。

但是，中低年级段及阅读自主性较差的孩子，常会面临选书的困难。一方面，由于缺乏阅读兴趣，不会主动选书；另一方面，由于不清楚该读什么书，选书多是盲目随大流。此外，对于绝大多数小学生来说，选书基本是出于兴趣，且长期会停留在有趣上面。而这对孩子的阅读力提升显然是不利的。

辅助孩子选书，应成为每一位家长的责任。在孩子阅读上，你不能寄望于学校及教师的推荐，更不能奢望几个书单就能解决孩子的选书问题。每个孩子都应该有属于自己的阅读计划、阅读轨迹和阅读书目。别人评价再好的书，不一定适合自己的孩子。家长要做的就是选出适合自己孩子阅读的书籍。以下 5 个建议，可供家长们参考。

①选书前要了解孩子的阅读兴趣、阅读需求和阅读能力，选适合孩子的书，而非自己认为经典、重要、有用的书。对孩子阅读能力把握不准的家长，可参考一些机构或出版社的分级阅读书目。

②选书要依据孩子的阅读规划，顺应孩子的阅读成长规律。家长可参考"'阅读计划'制定参考表"和"义务教育各学段阅读选书标准"。

③选书既要注重图书质量，又要确保适度的数量。在阅读兴趣和习惯培养阶段，选书要多元丰富；在阅读能力培养和提升阶段，选书要精准、有梯度。

④选书要以孩子自选为主，家长自选为辅。对年级段较低的孩子，由于选书意识、甄别能力较弱，家长要多引导、多参与、勤

监督。随着孩子年级段及选书能力提升，家长可逐渐放手，交由孩子自决自选。

⑤选书要能接受常会买到不合适、不如意的书，或孩子阅读了自己不认可的书。选书、读书都是试错的过程，善选者都是在不断试错中成长起来的。既然要选书、读书，就必然会产生试错成本。

二、善选策略方法，阅读更高效

会选书是否就意味着能高效地读书呢？显然不是。会选书只是高效阅读的前提，善于选择策略方法才是高效阅读的关键。

第三章已就常见阅读方法和部分阅读策略进行了探讨，这里不再赘述。对于孩子的阅读，我们又该如何恰当地选择阅读策略方法呢？策略方法的选择主要有以下3个依据。

（一）阅读目的。阅读策略方法的选择，首先是由阅读目的决定的。《高效能阅读》的作者原尻淳一说："目的越明确，阅读效率就越高。"也即说我们阅读文本前先要思考"阅读的目的是什么"或"自己希望得到什么"。有了明确目的、具体目标，你才会针对性选择实现目标的策略方法。因为策略方法本身也具有目的性和适切性。针对阅读目的选择的策略方法，往往是合适的。

例如，三年级的王睿同学想通过阅读提升语感，就可以选择最有利于语感培养的朗读方法，通过对语音感、语义感的训练来实现；四年级的赵子萌同学想快速积累航天方面的知识，就可以选择能够读得又快又多的默读法、略读法，以及便于知识体系建构的联结、抽象的图像化策略来实现；六年级的孙畅同学想培养自己的鉴赏评价能力，就可以选择赏读法及提问、图像化策略，通过精读散文、诗歌等文学类文本来实现。

从以上案例不难发现，阅读策略方法的选择以阅读目的为依据，且为实现阅读目的服务。但前提是你要熟悉这些策略方法的特点和功能，要能够根据实际阅读情况针对性、灵活运用它们。

（二）文本特点。第三章第二节已探讨过阅读内容对阅读方法选择的影响。文本内容同样会影响读者对阅读策略的选择。策略虽具有灵活性和综合性，但也有一定的针对性。

例如，四年级的刘斐同学要阅读写景抒情散文，就可以采用具象的图像化策略。因为这种策略比较适合描写性、富有意境的文本，而且有利于读者通过联想、想象，生成形象、立体的画面，增进对文本的理解。再如，六年级的马翕然同学阅读《福尔摩斯探案集》，选用了预测、提问、推理的阅读策略。因为《福尔摩斯探案集》属于系列推理小说，读者可借预测策略主动猜想事件的发展、人物的命运，借提问策略多角度、多层次提出问题，借推理策略分析各种线索，进而解开谜团、揭示真相。

以上两个案例告诉我们，不同类型的文本由于特点不同，选择的阅读策略也可能不同。因此，文本特点也是精准选择策略方法的重要依据。

（三）孩子学情。在中小学语文教科书中，阅读策略方法的学习是有层次、有梯度的，分布在不同年级段。因此，家长在引导孩子选择阅读策略方法时，务必要考虑孩子的学情：有没有学过，学到了哪个阶段，掌握到了哪种程度。家长可参考“中小学生阅读方法的学段目标”“中小学生阅读策略的学段目标”，以便精准地了解孩子学情。

例如，对于《福尔摩斯探案集》，中低年级段的孩子读起来就比较费力。这不仅因为它情节曲折、推理性强，还在于该学段的孩子抽象思维能力较弱，难以进行有效的逻辑推理。研究显示，从小学四年级开始，孩子的形象思维逐渐过渡到抽象思维，到高年级段抽象思维进入快速发展期，直到初中阶段抽象思维才占主导地位。再者，预测、提问等策略，虽然中低年级段孩子也会有意无意地使用，但直到高年级段才能逐步掌握。

由此可见，如果不考虑孩子的学情，就很难精准地选择阅读策略方法。不选择或选择未掌握的策略方法，都无法指导孩子顺畅地阅读。只有找到适合的策略方法，才能在有效的时间内实现高效阅读。

第三节　认读力，阅读理解的基础

对阅读而言，孩子之间的差别首在对文本的认读感知力上。认读是行为上的表现，感知是心理上的反应，二者是统一的。所以，“认读力”也称“感知力”或“认读感知力”。它是理解的基础，没有认读感知就没有理解。

一、以认读夯实阅读的基础

认读力就是读者对拼音、汉字、单词、数字、标点、图形等文本符号，进行迅速而准确的辨识、感知，并按语言结构读出来的能力，是最低层次的阅读能力。

作为两个孩子的母亲，范女士最近很头疼。孩子马上升三年级了，依旧爱看绘本，甚至动不动还让妈妈给读一读、讲一讲。范女士觉得孩子已经过了读绘本的时期，应该读些文字量大的书。但孩子不是抱怨拼读太费劲，就是嫌词句不理解，读起来没意思。

那为什么别人家的孩子就能读纯文字书籍呢？为此，范女士觉得肯定是自家孩子出了问题。然而，书本上该学的拼音、生字孩子都掌握了，为何读起来还是不通顺、不流畅呢？按说，已经掌握1600个常用汉字，读些通俗易懂的儿童读物应该不存在什么困难。那么，孩子究竟是哪里出了问题呢？

发展认读力，字词积累是基础。《义务教育语文课程标准(2022年版)》规定，义务教育阶段的孩子需认识3500个左右常用汉字。那么，是不是掌握一定汉字量，孩子就能自然而然熟练阅读了呢？尽管研究显示，掌握1000个汉字可以认读91.36%的阅读材料，掌握2000个汉字可以认读98%～99%的阅读材料。我们只要认识2000个汉字就足够了。

美国心理学教授马克·塞登伯格说：“词汇量越丰富，学习阅读和熟练阅读就越容易。”阅读的文本，实际上是以词汇和句子为单位来组织的。字的掌握只是基础，充实词汇量才是感知的根本。孩子拥有大量词汇，就意味着存储了丰富的关联意义。每个词都有一双触角，时刻准备建立一场新的关联。而字是孤立、单薄的，很多时候需要依靠其他字，组合成词才能衍生更多意义。因此，仅仅掌握一定量的字是远远不够的。

多用多读，有语感认读更通畅。读得不顺，除了词汇量不足，还有可能是孩子的语感不好。我们知道，认读是感知的基础。正确的认读是为有效感知。课程标准中不但规定了各学段课外阅读的字数，还有对阅读速度的要求。也即意味着，孩子的认读不但要通，而且要畅。因此，不能只掌握字词，更要不断地用它去阅读，读得多了、用得勤了，自然就有了语感。例如，经过多年的英语学习，一些孩子阅读英语文本依然很困难，主要原因在于掌握的单词很少用于阅读实践。孩子对这些单词缺少场景化理解，在阅读时无法形成阅读语感。

有了语感，孩子既能够对字、词、句等实现快速辨识，还能在此基础上产生敏锐感知。很多时候，孩子不用刻意去理解，仅靠自己的阅读体验，便会对文本符号产生特殊的亲和力。这不仅是因为熟悉，更是源于心灵对语言感受的不断强化。此外，多用多读还可以积累更多语言知识、背景知识，以及阅读的策略方法。这些都有助于提升认读的流畅性。

二、从 4 方面高效训练感知力

感知是以认读为基础，对阅读文本的感受。具体而言，主要包括对字词表面意思、文本主要内容、文本表达语体、文本整体结构、文本情感基调、作者思想倾向等的感知。相对于理解，感知侧重于主观的直观感受，获得的是整体、浅层的大概印象。

晚上，见儿子刚读完秦文君《调皮的日子》中的《爷爷朱老汉》，我便问他读后有什么感觉。他随口答道：“没啥感觉啊！”我反问道：“怎么会没感觉呢？你不觉得这个故事很精彩，或者讲了一个什么道理，再或者有什么感人之处？”他心不在焉地说：“我就是随便翻翻，故事一点儿也不好读，不知道要说什么，人物对话也很别扭。”

事后，我认真读了一遍，便有些理解儿子所谓的“没啥感觉”。一方面，他是随手翻随意看，没有前文做铺垫，也没有目的性；二是文中的女婿、药褡子、弄堂、渔村等对他来说较为陌生；三是作者的表达习惯与孩子阅读的作品风格有很大差别。

案例中，儿子对这篇小说其实是有感觉的，比如故事性不强、主题不够明确、不适应作者表达习惯等。但阅读感知存在的问题，也是显而易见的，如随意性强、情绪性明显、缺乏目的性、感知效果差等。感知作为理解的前提，只有有效才能支撑更高层次的阅读。下面，将从 4 方面提升阅读感知的效果。

培养感知目的性。感知虽是最基础的阅读能力，但并不是小学低年级段的专属。每个学段、每位读者的每一次阅读，都要先感知。有明确目的和毫无目的的感知，效果会千差万别。感知既要趋向于兴趣、理想，以增强阅读感知的自觉性、主动性和目的性；还应趋向于阅读需求和文体意识，以明确感知的方向和目标。

例如，孩子阅读一篇童话故事，除要感知字、词、句外，更要把握整个故事内容、童话寓意及角色形象；阅读一篇海洋科普文章，则需要感知海洋的形成、发展及其生物多样性等知识；阅读一首抒情诗，则需要感知诗歌的意象、意境及抒发的情感。不同的文体，阅读的需求不同，感知的对象、角度、层面也会不同。因此，感知越有目的性，就越有针对性，感知的效果也就越好。

提升感知的层次。感知能力再浅，也有自己的层次。例如，对文本语言单位的感知要经历“字—词—句—段—篇”的层次。其中，字的感知层次是“单体字—合体字，分体感知—联体感知”。孩子开始学字时，接触的多是像日、月、耳、马等象形字，以及三、上、下、中等指事字。这类单体字具体、直观，即使有抽象的部分，表意也简单，感知较为容易。接着，学习相对复杂的形声字和会意字。尤其是会意字，组合要素和方式更多，表意更抽象，感知难度更大。对字的感知，最初可能要分别感知形、音、义，随着不断熟练，逐渐变为对形、音、义的联体感知，最后甚至无须考虑读音，就可以通过形、义进行二联体感知，即见形知义。

对词、句、段的感知同样也有层次。例如，词语的感知层次为“词—短语”；句子的感知层次为“简单句—并列句—复合句—复杂句”；段落的感知层次为“自然段—意义段”。由此不难发现，对语言单位的感知呈现从低层次到高层次的递进。家长要抓住小学阶段阅读感知力培养的关键期，有计划地引导孩子感知层次的提升。

增强感知敏感性。读者对文字的敏感度，决定感知力的强弱。作家贾平凹说，写作是敏感人的活动，写出的文字也是给敏感人阅读的。敏感是优秀读者的必备素质。提高阅读感知的敏感性，可引导孩子从以下 5 方面努力。

A. 丰富生活、阅读体验和知识。

B. 融入情感，合理联想与想象。

C. 注重细节体验，勤问常思。

D. 积极、主动、有目的地观察。

E. 观照世间万物和内心世界。

经过刻意训练，每个孩子都可能成为敏感的“发现者”，成为文本脉动的感知者。此外，阅读的敏感性还有助于提高直觉的发生率，以及孩子阅读判断的速度和准确性。

提高感知的质量。同样的文本，不同的读者感知效果各异。其中一个重要原因就是对感知规律的把握和运用不同。首先是运用连锁律，即“感知—记忆”协同推进感知。我们知道，感知虽不是记忆，但严重依赖记忆，依赖记忆的识记、保持和再认。例如，信息 A 被感知后，会临时存在读者大脑中，当信息 B 被感知，与之相关的 A 会被从记忆中提取出来，形成关联。信息 A 从识记到再认，就是“感知—记忆”协同的过程。读者正是在这种连锁律的推动下，实现迅速、高质量感知的。

其次，运用差异律、对比律、协同律等实现高效感知。例如，借助差异律，对不同信息进行不同的圈点勾画，通过标识的差异性来感知信息；通过对比律，感知不同人物、不同时空、前后情节的区别和变化；利用协同律，通过口、眼、手等多感官去增强感知；通过组合律，将相关要素结合起来强化感知；通过强度律，多看两眼，多读一遍，提高感知效果等。

第四节　理解力，阅读的核心能力

广义的理解包括理解力、鉴赏力、迁移力等。这里指狭义的理解力，即复述性理解和阐释性理解。中小学的理解能力考查占比，随年级段提升而下降，理解的难度随年级段提升而增大。理解力主要涉及提取、概括、抽象、分析、推理等策略。

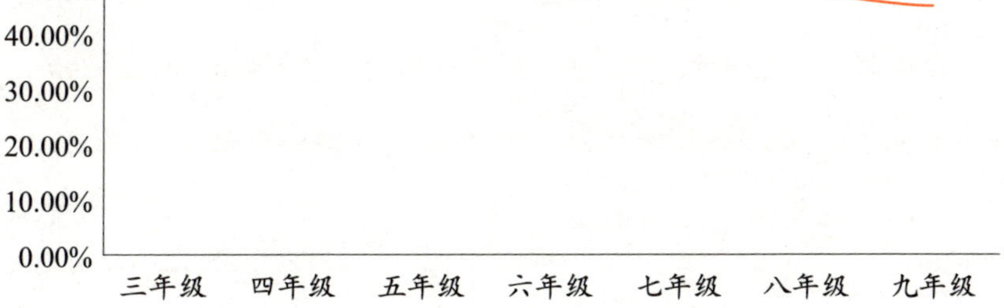

图 36　各年级记叙性文本理解能力考查占比

一、复述性理解，从提取到概括

复述性理解主要指机械性复述和概括性复述。其中，机械性复述又称重复性复述、保持性复述，简称“重述”；概括性复述又称转述性复述、改造性复述，简称“转述”。在理解能力中，复述性理解相对较为简单，无论是机械性复述还是摘要性复述，抑或改造性复述，只需检索、筛选、提取、综合、抽象与概括即可。

说到阅读复述，就不能不提到一位南昌家长的抱怨，“问孩子读明白没有，孩子顺口就说懂了。但让他说说明白了什么，不是支支吾吾、语无伦次，就是说半天不着重点，连自己也不清楚说了什么”。相信不少家长都会遇到这样的问题。

出现以上情况，表面上看是孩子表达能力出了问题，实则可能是信息提取能力欠缺。也即说，孩子看似什么都读懂了，但不善提取信息，不会分析、综合与归纳，更不会抽象与概括。这就导致理解的信息不能用简洁、概括、完整的语言表达出来。提取概括能力的不足，直接导致思维的混乱，进而导致复述的说不清、道不明。

（一）提取概括能力的题型呈现。复述性理解由于主要涉及提取和概括两个关键能力，所以也称信息的提取概括。信息提取概括主要是对文本简单、显性的人、事、景、物、时间、地点、性质、特征、功能、观点等要素的检索、筛选、提取，以及对复杂、隐性的情感、情节、主要内容、重要细节等关键信息的提取、综合与概括，主要解决“是什么”“有什么”的问题。

信息的提取概括在题型上常表现为以下形式。

※ 本文主要写了哪 × 件事 / 片段 / 情节，请简要概括。

※ 选文 /×× 段 / 材料 ×（主要）写了哪些方面 / 场景 / 事件 / 行为等？请简要概括 / 归纳。

※ 本文的中心论点 / 主要观点是什么？从哪几个方面论述的？

※（请根据 ×× 内容 / 简要概括）××（主要 / 有哪些）特点 / 特色 / 特性 / 特征 / 优点 / 优势 / 功能 / 用途 / 作用 / 价值 / 观点 / 因素 / 方法等。

※ 请（根据 ×× 内容）（用简洁的语言 / 一句话 / 简要）概括选文 / 材料 ×/×× 段 /×× 方面说明的（主要）内容 / 信息。

※ 阅读全文 /××× 段内容，完成下面填空 / 表格。

※ 根据提示 / 示例，梳理故事情节，补写相应内容。

※ 简要梳理 ××× 情感态度变化过程，根据提示填空。

了解这些题型有什么好处呢？一方面有助于解决阅读理解的信息提取概括题，另一方面便于针对性训练信息的提取概括策略。

（二）提取概括策略的学习与运用。信息提取策略在各学段有何区别？信息提取不仅是孩子阅读的必备能力，也是小学、初中阅读理解考查的重点。从考查情况来看，小学中年级段侧重对提取能力的考查，多为填空或简答形式的单纯提取，一般可直接从文中检索出，甚至不需要筛选和概括；小学高年级段侧重对概括能力的考查，多为简答、填空形式的概括提取，不仅需要检索、筛选，甚至需要梳理、归纳和概括，但检索、梳理的内容相对明显，要求普遍较低；初中阶段的提取概括能力考查占比逐渐降低，但提取的信息要素、角度更多，试题对筛选、归纳、概括的要求更高，且题型以简答题为主。

孩子如何才能掌握提取概括策略？策略的掌握至少需要三步：第一步，了解策略；第二步，掌握方法和要求；第三步，刻意训练。前面已简单介绍信息的提取概括，下面将分别具体分析。

阅读的信息提取，是指读者从文本中快速、准确地找出对自己有用或试题要求的信息的能力，是阅读理解的最基础能力。它包括对信息的检索、筛选和提取，或者说对信息的“找”“选”和“取”。

有规律和策略让检索更轻松。有人说，信息检索能力缺乏的人，将成为新的“功能性文盲”。信息检索最忌讳的就是盲目乱找。一般情况下，重要的信息多在文章开头段、结尾段、独立段，或段落的首句、尾句等。对于阅读理解中的信息提取，首先要明确试题的限定性要求。例如，检索的对象（要点、中心、特点、功能、角度、方面等），检索的区间（全文、某层、某段等）。其次，可依据题目、名词术语、修饰限制词、特指意义词等关键词，“可见”“总之”“道理”“我认为”“启示”“证明”等标志语，以及抒情句、议论句、总领句、总结句、过渡句、重复句等关键句检索。

比较和排除让筛选更有效。找到了检索区间及相关内容，如何才能确定是不是最终想要的信息？首先，对相关信息进行比较。检索出来的信息可能是复杂、不确定的，这时就要对相关信息进行比较，判断哪个信息更主要、客观、切题和有表现力。其次，对不切题的信息进行排除。例如，在对文本的情节、情感进行梳理检索后，得到数个情节或情感的关键词。这时需要根据试题中前后所提供的情节、情感，将已涉及的信息排除，便可得到所要填写的内容。

遵循要求，信息提取更精准。无论是书面还是口头复述，精准的信息才更能体现文本或试题理解的有效性。因此，对信息的提取，要忠于原文，用文中的词、句复述，尤其不要脱离文本凭空想象，即便需要自己概括，也尽可能采用原文中的关键词；提取的信息既不要贪多，也不要遗漏；提取信息要遵循试题中“用原文”“一句话”“简洁”“字数”等限制性要求。

例如，3.“城南游艺园”里面的娱乐有：听____、听____、看“变戏法儿”、看大姑娘唱、看___ 。(用原文内容填空)(3 分)。

阅读的信息概括能力，是指读者对提取的信息进行分析、综合、归纳、抽象，把事物共同的特征或本质属性归结在一起的能力。它是阅读理解的核心能力，可分为初级概括和高级概括。初级概括又称经验概括，是基于感性经验对事实材料共同特征或联系的概括；高级概括又称理论概括，是对思想、概念等本质特征和内在联系的概括。由于信息的概括能力涉及分析、综合、归纳、演绎、抽象、概括几个思维工具。这里简要介绍它们的关系和区别。

分析：将复杂的事物分解成不同的要素、方面、部分，或划分为不同的类别进行分别考查和研究，是综合和归纳的基础。

综合：在分析的基础上，将对事物各方面、各局部的认识拼接组合在一起，进行全面、整体的认知，综合与分析是整体与局部的关系。

归纳：在分析的基础上，将事物各个种类的共同特征或属性归结起来，形成对多种具体事物的一般性认识。

演绎：从事物共同性的一般概念或本质性认识出发，去分析某类具体事物的个别性或特殊性，也称逆归纳。演绎与归纳都属于推理方法，区别在于是从一般到个别，还是从个别到一般。

抽象：通过对具体事物的分析、综合，舍弃个别的、非本质属性，抽取共同、本质属性的过程。抽象抽掉的是具体的象，留下的是概念之义，以及文字、图像、数字之形。

概括：在抽象基础上，对事实材料共同特征或联系，以及思想、概念等本质特征和内在联系的综合提炼。概括的目的是将复杂的事物、认识简化与深化，概括的结果是“主要意思”，即主要材料、思想、观点和规律等。

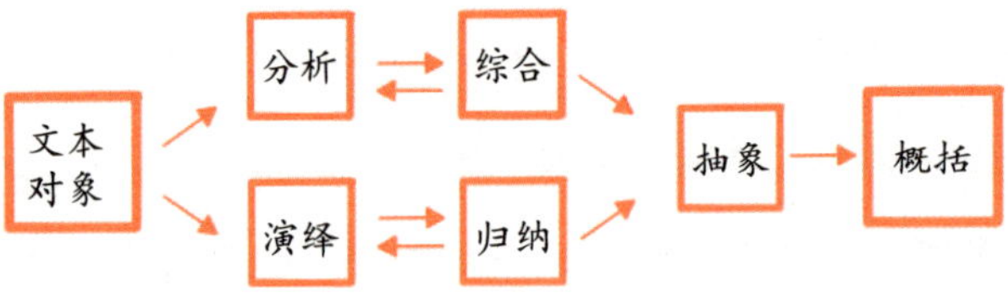

图 37　文本概括的思维过程

从图 37 中可见，概括不是综合，也不是归纳，而是基于分析和抽象基础上对关键内容的提炼。复述性理解中的信息概括，主要表现为对事件、行为、片段、情节、特征、功能等事实材料的初级概括，以及对观点、论点、思想、主题等理论概念的高级概括。

例一：对作家杨瑞霞小说《一只羊其实怎样》的理解概括。

18. 本文主要写了大绵羊的哪几件事？请简要概括。(4分)

19. 根据文本，“不曾亲自与羊一起生活过的人”对羊有哪些认识？请分点概括。(4分)

[参考答案]

18. ①大绵羊对拿棍子侮辱它的二哥抗议，追击到二哥投降为止；

②大绵羊教训拿干粮渣捉弄它的邻居小伙子；

③大绵羊在雪夜大叫提醒主人羊群逃跑；

④大绵羊逃出羊栏趴在窗台偷看我。

19. ①羊是弱势群体，需要被保护而不是作为保护者；

②它所代表的特性是柔弱、善良；

③逆来顺受、默默忍受而不会反抗；

④无话可说，不会表达自己的诉求，没有张扬的个性。

不难发现，第18题是对事实材料的概括，通过文本第5、6、8、9自然段，即可简单概括出事件内容。第19题是对羊认识的概括，且限定为“不曾亲自与羊一起生活过的人”的认识。很明显，从第18题到第19题，无论是理解、概括，还是要求上都是有梯度的。当然，如果要求对主要内容、主题进行概括，则分别需要再“归纳—抽象”“综合—抽象”。如果让小学高年级段学生进行概括，第 18 题就会明确并限定特定段落，以降低它的难度。第 19 题即使命题，也会降低作答要求，如不要求分点、要点不要求全面等。

例二：对短文《大厨郝师傅》的理解概括。

1．概括短文的主要内容。(5 分)

针对该题，首先，要审清题干要求，确定提取区域——全文。其次，根据人物、起因、经过、结果等要素进行提取，提取“大厨郝师傅”“食客高声嚷嚷起来：‘这芙蓉鸡片味儿不对呀！’”“‘对不住，对不住，我给您重做，回头菜端上来，您再品品。’”“郝师傅精心挑选出鸡里脊，熟练地剔去筋膜，又用刀背砸成肉泥”“志鹏，做每道菜都讲究个‘用心’，老祖宗传下来的手艺得好好学，做菜如做人，马虎不得呀！”“那位客人说：‘够味儿，地道！’”“客人竖起拇指说，‘果然名不虚传！’”等关键词句。

接着，对提取的内容进行分析、综合。

主要人物：大厨郝师傅。

事件起因：顾客对郝师傅的徒弟崔志鹏做的“芙蓉鸡片”不满意。

事件经过：①郝师傅主动向客人道歉；②郝师傅亲自掌厨，精心制作菜肴，同时教导徒弟；③崔志鹏被师父的严谨触动，认真学习，给师父打下手。

事件结果：郝师傅做的“芙蓉鸡片”赢得顾客认可。

最后，对综合的内容进行抽象，舍弃非主要信息，留下核心内容并概括。

[参考答案]

顾客对郝师傅的徒弟崔志鹏做的“芙蓉鸡片”不满意，(1分)郝师傅主动领错致歉，(1分)亲自掌厨，精心重做，(1分)同时教导崔志鹏好好学手艺、认真做菜。(1分)最终，郝师傅做的“芙蓉鸡片”赢得顾客认可。(1分)

例三：对关心于散文《爱，就满足他们的虚荣》的主题理解。

1. 概括文章的中心思想。(5分)

对文本中心思想或主旨的概括，相对更具抽象性，难度也更大。一般情况下，先要根据要素进行提取，然后对提取的内容进行分析、综合，如分析第一层（第1～2段）和第二层（第3～7段），综合得出“‘我’因为寄钱的事对公婆不满”“‘我’和朋友田田针对上面问题的谈论及从中明白的道理”。然后，对综合的事实、思想进行抽象和概括，得出“本文写了‘我’给公公婆婆寄生活费，他们又如数转给孙子，于是‘我’干脆不寄，免去麻烦，可公公婆婆不同意的事，(2分)告诉人们有时爱父母其实只是要满足他们虚荣心的道理。”(3分)

分析得是否准确、深入，决定概括的效果；综合得完整与否，决定概括是否全面；抽象可以抓住事物共同特征和属性，让概括更精练。因此，信息概括需要分析、综合和抽象，更需要做到准确、完整和精练。准确就是逻辑正确、符合要求、题文相符、表意清楚、概括得当；完整是指材料不残、要点不漏；精练则是用语精要、言简意赅。日常的自主阅读尽管不像做阅读理解那样有要求，但养成思维和表达的习惯，却有利于我们能力的培养。

二、阐释性理解，从推理到解说

如果说复述性理解属于浅层次理解，那么阐释性理解则属于深层次理解。它不仅需要提取、概括，更需要推理和探究。所以，对孩子而言，这也是难度相对较大的理解。

武汉的刘先生反映，读六年级的女儿阅读理解较差。问其具体表现，他提到，凡是问“为什么”的题几乎都答得不好，词句理解、主题理解题也失分较多。

从刘先生的反映，基本可以断定，孩子的阐释性理解严重不足，或者说孩子的推理探究能力欠缺。反映在日常阅读上，一定是怕问“为什么”“怎么理解”“有何内涵”等。缺乏推理探究能力的孩子，对于问原因、问目的、问含义、问心理、问主题的题，都很难做出好的解读。不是他们缺乏问题意识，而是面对问题时，无法在文本与文本、文本与背景知识间建立联结，无法通过联结进行推理。

阐释性理解根本在理解，对文本材料、主题、语言、结构的理解。其中，材料是指文本中的人、事、景、物及情、理；主题即文本的主旨、中心思想；语言指文本的字、词、句；结构则主要指文本的标题、线索、思路等。在写作时，作者赋予材料以内涵和意义，以语言、结构为载体，来表情达意、传递知识和思想。我们的阅读就是利用背景知识、策略方法对它们进行解读。

（一）推理是阐释性理解的核心。阐释性理解尽管也需要提取、分析、抽象和概括，但更重要的是推理策略的运用。在阅读中，推理就是基于文本已知条件，依靠逻辑关系，对现象或过程的分析、解释。推理的结构由前提和结论组成。前提是已知事实、条件等，是推理的基础。前提的准确、完整性，决定推理的有效性。结论是经过推理得到的相对合理、可信的结果。推理过程是运用规则、方法进行推断的流程。

看到这，可能有家长会问：推理和预测是一回事吗？不可否认，推理和预测有相似之处，例如都属于阅读策略，都需要一定的依据，都要进行推断和验证。但是，两者区别也是显而易见的。

推理主要立足当下文本的事实、论据等条件，而预测则是基于有限文本信息和个人背景知识。例如，当好友向你推荐一本书时，你凭借书名和好友的介绍，觉得它可能是一本对自己有价值的书，这是预测；你在阅读某本书时，发现主人公多次以欺骗他人获取不义之财，于是，推断后面大概率会被他人骗，且会为欺骗付出惨痛代价，此则为推理。

推理依靠理性的逻辑关系，确定性高，而预测的主观感知成分较大，确定性较低。例如，当读者读到主人公路遇乞讨老人时，非常肯定地认为他会伸出援助之手，因为前文多次暗示主人公是乐善好施之人。事实证明，他确实将身上带的钱全数给了老人。读者推断主人公后面的举动，正是基于前文的多处伏笔与下文形成的因果关系。再如，前面提到的凭借书名、他人介绍及对好友的信任来判定一本书对自己有价值，就不一定可靠。

推理的过程是从条件到结论或从结论到条件，强调对阅读中现象或过程的分析、解释，而预测的过程是从已知到未知，重在阅读前、阅读中启发思考和验证结果。例如，孩子阅读时的发问："妈妈为什么惩罚他？""小侦探是怎样破案的？""此时，教练会怎么想"等。孩子想知道答案，就得在文中寻找依据，进而通过分析、推理，来解释自己的疑惑。再如，当孩子读到"我的好朋友姜小牙可就惨了，半分钟之后他气喘吁吁地冲进了教室"，就会猜测很可能被魏老师发现且受到批评。从已知的迟到猜想后面未知的事情，就是典型的猜测。魏老师不但发现还发怒质问姜小牙，但最终还是原谅了他。这是对预测的验证。

通过比较发现，推理与预测的目的不同、机制不同、效果不同、使用场景不同，操作难度也不一样。

（二）推理策略的学习与运用。很多家长都知道推理，但阅读（理解）中该如何推理呢？在中小学生阅读（理解）中，推理方法主要是归纳，推理规则主要是关联律和因果律。或者说，推理就是读者借助关联，探究词句含义、事件发展、写作思路，以及人物的心理、行为，解释产生某行为、结果、观点的原因。在阅读理解题型上，主要体现为以下形式。

※ 联系上下文/语境，理解/解释词语的意思/含义/文中所指。

※ 联系上下文/结合文章，体会/理解/分析标题/句子的含义/意蕴/内涵。

※ 为什么说 ××，请简要概括/×× 的原因/有哪些/是什么。

※ 阅读全文，说说怎样/如何才能 ××/采取了哪些措施。

※ 你觉得/认为（如果 ××），接下来/结果会怎样，请说明理由。

※ 分析/探究人物 ×× 的心理/感受，探究有这种心理的原因。

※ 揣摩下面语句/结合全文，探究 ×× 主旨/主题/作者写作意图。

※ 文章第 ×× 段的顺序能否调换？为什么/请说明理由。

※ 下面材料/观点能否作为本文/第 × 段的论据/论点？请说明/简述理由。

※ 本文/第 × 段是如何论述 ×× 论点的？或：请概述/分析/本文/× 段的论证思路/写作思路。

对以上题型涉及的信息进行梳理，概括如下：

①对词、句、标题含义的推理探究和阐释。

②对人物行为、心理、观点及其产生原因的推理探究和阐释。

③对事件发展经过、结果的推理探究和阐释。

④对作者写作思路、论证思路、写作意图的推理探究和阐释。

⑤对文本顺序、论据、论点等使用的推理探究和阐释。

以上阅读理解题型涉及的角度，正是孩子学习推理策略的抓手。下面，将从几个常见角度具体分析推理策略的运用。

例如，小学阶段占比较高的词语、句子含义理解，就是通过分析和推理来实现解释的。首先，基于上下文，分析、推断词语、句子在特定语境中的指代义。在分析时，要做到“词不离句，句不离段，段不离篇”“由近及远，先前再后，上溯下循”的原则。其次，关联字词的活用，词句涉及的手法，结合手法本身效果，推断词句的活用义、手法义和言外意。

由此不难发现，含义解释运用的推理规则主要是关联。在解决词句含义问题时，要特别关注特殊指代、具有感情色彩、与主题有关、运用手法、表现人物特点的词语；关注运用修辞手法、描写手法、表达情感、揭示主旨、反映文章脉络的句子。同时，要顾及位置、关键词、手法、情感、主题、背景等多个推理角度。

例如，中小学阶段占比均较高的原因类理解，是对推理策略的典型运用。众所周知，凡事有果必有因，有因必有果。因果推理是人们认知的基础。从原因到结果的分析，是阅读中最常见的推理形式，这与阅读理解中从结果到原因的逆向推理正好相反。由此，训练推理策略就有了两个途径：通过原因类阅读理解题训练；通过阅读中对事件原因的自主提问训练。

在阅读理解中，要么是一因一果，要么是多因一果。在日常的阅读中，除了一因一果、多因一果，还会出现一因多果甚至多因多果。对于中小学生而言，学段越高，阅读文本的因果关系相对越复杂，因果推理的难度也就越大。相对而言，记叙性文本中的原因推理难度，要高于说明性和议论性文本的原因推理难度。需要注意的是，无论是哪种途径、文体的推理，务必要以强关联为主，既要结合事实性的行为、措施等分析，还要顾及人物情理与文本主题，既要分析得合情合理，又要解释得全面。

例如，情感心理也是中小学生阅读推理的重要内容。情感心理推理主要是对人物情感、心理、态度等的探究。由于情感属于文本内容要素，且与主题密切相关，故探究情感不仅要结合上下文及全文语境，还要结合主题。探究的角度既可以是词语、句子、段落、文篇，还可以是某人、某物（情感寄托载体）。从词句探究时，要特别关注词的词性、词义和感情色彩，关注描写句、抒情句、议论句、变式句等具有情感倾向、暗示、衬托的句子。从某人、某物探究时，要考虑主人公或“我”与某人、某物的特殊关系。由此可见，情感探究也即通过关联的词、句、人、物去感受和体验。心理探究虽与情感探究相似，但侧重人物想法、思维活动的过程性分析呈现，侧重特定语境下人物言行举止的表现和变化。

例如，探究作者写作思路、写作意图，同样用到推理策略。写作思路就是作者在构思活动中形成并表现在文章中的指向表达目的的思维轨迹、思想脉络，它是结构的内化，是结构之本。无论是记叙性文本，还是说明性、议论性文本等，都存在特定的写作思路。对于记叙性文本来说，写作思路的探究主要依靠结构方式和线索。尤其是线索。线索是厘清行文思路和写作顺序的关键，是探究作者意图和文章主旨的钥匙。因此，对记叙性文本写作思路的探究，务必找到联结情感、贯通文脉、推动情节发展的明暗线索。尤其在日常阅读中，如果能够抓住处处关联、交织发展的线索，也就把握住了作者的写作思路。

写作思路在议论性文本中尤为明显和典型。在阅读理解中，常表现为对论证思路的分析。其实，读者分析推理的过程也即作者对某论点论证的过程。理查德·保罗博士说，所有推理都有一个目的，那就是要厘清事物、回答问题、解决问题。因此，作者的写作思路一定是有结构、有顺序的。如记叙性文本的总分结构，时间、事情发展顺序；说明性文本的并列、递进结构，空间、逻辑顺序；议论性文本“提出问题—分析问题—解决问题”的三段式结构，以及具体的对照式、层进式论证结构。对作者写作思路的分析，只要能抓住文章结构方式和顺序，推理就会变得轻而易举。

作者写作意图也称文章主旨。但凡经典的作品，常会有丰富的主题。从某种角度说，对主题的理解阐释也是推理的过程。从对不同事件、重点句子的分析，到对多个思想的抽象，再到对不同层次认识的概括，不仅需要各种有效依据，更要基于多个联结进行推断。随着孩子年级段的提升，对主题的推理探究也会愈发复杂，流程更长、层次更多。当然，孩子越了解自己的推理过程，就越了解作者的运思过程，也就越了解别人的逻辑，越能够建立自己的逻辑。

阐释性理解关键在解说，对推理过程和结果的阐释说明。如果说有效的依据是推理的前提，明确的概念是推理的基础，严密的逻辑是推理的规则，那么精准、全面、有条理地阐释则是对推理的印证。要做到精准阐释，推理就要严密，分析要合情合理，措辞要严谨；要做到全面阐释，推理就要顾及多角度、多方面，做到不缺不漏；要做到有条理地阐释，表达就要有顺序、有层次，用好关联词，讲究主次先后。

推理策略的学习及能力的形成，是一个循序渐进的过程。在小学低、中年级段，可侧重培养孩子的推理意识，高年级段侧重对推理策略的学习和运用，初中学段注重对推理策略的提升和强化。此外，学习推理策略时，还可以结合提问、预测及联结、概括等策略。

第五节　鉴赏力，成熟阅读的根本尺度

读书阅文不能止于看懂，还应基于理解学会鉴赏。鉴赏力也称赏评性理解力，是对文本内容、形式要素进行鉴别、赏析、评价的能力，是阅读理解能力体系中的高阶能力。鉴赏力包括形式鉴赏力、内容鉴赏力，具体表现为对表达方式、修辞手法、表现手法、结构手法等手法的鉴赏，对词语、句子等语言的鉴赏，对标题、段落、结构方式等结构的鉴赏，对文本的人、事、景、物等材料的鉴赏。研究显示，鉴赏力主要是对技法、语言、结构等形式的鉴赏，其次是对材料的鉴赏。

鉴赏力相对于狭义理解力解决的“是什么”“为什么”“怎么做”问题，重在解决结构和表达的“效果如何”及“如何表现”的问题。从阅读理解考查角度来看，中小学不同年级段的鉴赏能力占比不同。但无论是能力占比还是考查对象的难度，整体都呈上升趋势。这也符合孩子的心理认知和阅读能力发展规律。

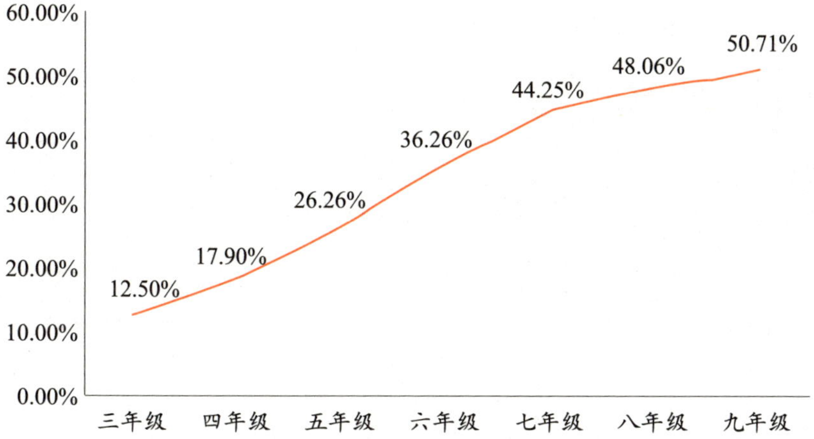

图 38　各年级记叙性文本鉴赏能力考查占比

一、形式鉴赏，从 3 个角度赏效果

形式鉴赏就是对文本技法、语言、结构的鉴别、赏析和评价，在阅读理解鉴赏力中占比 80% 左右。在不同学段、不同类型的文本中，鉴赏的角度占比也会不同。但无论哪种文本鉴赏，鉴别是基础，赏析是关键，评价是提升的逻辑是相同的。

记得教学时，我曾问学生："大家觉得这篇文章写得怎么样？"然后，就是异口同声地回答："写得好！"于是，我便接着问："怎么个好法？""语言美""结构巧""运用了手法"，等等。我再问："谁能具体说说语言怎么美，结构怎么巧，手法又是怎样运用的？”下面顿时一片安静，一个个将头埋得很低。

我提示道：“大家可以从用词、句式、修辞手法、表达方式、表现手法、结构手法、语言风格上赏析语言，从标题、段落、顺序、线索、结构方式上赏析结构，从表达方式、修辞手法、表现手法、结构手法上赏析手法。”随即，下面便纷纷议论起来。

如果只提示从形式上鉴赏，相信很多孩子都会一头雾水，即使指明某个角度，也会有个别孩子不明其意。能做到准确辨明角度，并充分乃至多元赏析的孩子并不多。这反映出孩子在文本形式的概念认知及鉴赏能力上都存在明显不足。

（一）语言鉴赏，品味文字之美。语言是文章的血肉，是思维的物质外壳。无论是记叙性文本，还是说明性、议论性文本，抑或古诗文，但凡优秀的作品都非常注重语言的表达艺术。所以，品味文本语言之美就成为读者鉴赏的目标。语言鉴赏包括词语赏析、句子赏析和文篇赏析。其中，以句子赏析为主，词语赏析为辅，文篇赏析较少。在阅读理解题型上，常体现为以下形式。

※ 结合语境，（从 ×× 角度）揣摩 / 品味 / 品析 / 分析 / 赏析第 × 段句（诗词）中加点词语（的好处 / 妙处 / 语言特点 / 表达作用 / 表达效果）。

※ 结合语境，（从 ×× 角度 / 按要求 / 任选角度）品析 / 分析 /

赏析选文/诗词中/第×段画线句子（的表达效果/表达作用/语言特点）。

※（选文/诗词）第×段（联/阙）划线句中加点字词能否删去/能否换成××，为什么/说说好在哪里/请说明理由。

※ 选文/第×段加点字词/句子，是如何体现说明文语言/论证语言（准确、严密、生动）特点的？

由以上题型不难发现，语言鉴赏就是赏析字词、句子等如何用得好，或者说好在哪里。这就涉及赏析的角度，如炼字、用词、手法、句式、内容、结构等。

词语鉴赏以动词、副词、形容词为主，叠词、名词、数量词等为辅，遵循“立足词语，析不离句，顾及手法，侧重效果”的原则。其中，“立足词语”即立足词语的词性、感情色彩、含义和作用；“析不离句”即赏析要结合上下文语境和内容；“顾及手法”则是看所赏析的词语是否用到修辞手法、描写手法等；“侧重效果”即重视所赏析词语的妙处、作用、表达效果。效果包括修辞描写性效果（如比喻或动作）、修饰逻辑性效果（如生动或严密）、情感主题性效果（如情感或品质）、结构形式性效果（如铺垫或照应）等。

对于日常阅读，孩子首先要具备词性、手法、内容、语言特点等知识；其次要遵循鉴赏的原则；最后要掌握鉴赏的方法，如“判定赏析角度→确定具体手法→理解字词含义→分析表达效果”。

需要说明的是，词句赏析重在效果的分析，而非含义的理解。其中，在语言特点方面，尤其要注意说明性、议论性文本及诗词的语言特点。例如，说明性文本的准确、生动、平实、严密、科学；

议论性文本的准确、严密、概括性、针对性等；古诗词的准确、精练、生动、含蓄、清新、华丽、幽默、活泼、庄重、明快、音韵和谐、节奏感强等。由于不同的语言特点对应不同的词语及手法，这就需要孩子重点关注修饰限定性词语及常用手法的表达效果。

赏析句子主要从修辞手法、表达方式、表现手法、结构手法、用词、句式等角度入手。修辞中以比喻、拟人、排比、对比、夸张最为常用；描写中以人物描写为主，环境描写为辅；用词上主要体现在词性、叠词、感情色彩等角度；句式上主要体现在倒装句、长短句、整散句、俗语俚语句等；表现手法上主要体现为烘托、衬托、动静结合、象征等；结构手法中以铺垫、照应较为常用。

与对阅读理解的考查不同，日常阅读赏析的角度，还需孩子依据所赏句子进行鉴别判定。赏析时侧重手法、用词、句式等本身的表达效果，同时兼顾句子内容和结构方面的作用。例如，内容上写了什么，突出什么，表达什么，揭示什么；结构上如何照应、铺垫、过渡、总结，分别起到怎样的作用等。

语言鉴赏是有层次和梯度的，随着孩子学段的升高，鉴赏对象应从字词逐渐转向句、段乃至文篇，鉴赏的角度也应从单一转向综合。家长要知道，对孩子来说，重要的不是掌握某些手法的定义和作用，也不是熟烂具体的答题模式，而是语言鉴赏能力。家长要了解不同阶段的孩子，该鉴赏什么、如何鉴赏、要达到怎样的效果，如此才能对孩子的语言鉴赏进行有的放矢的指导。

（二）结构鉴赏，品评谋篇之巧。结构是文章的骨架，是为表现文章内容对材料的组织安排。优秀的文本不但语言美，结构也精巧，如条理清晰、衔接自然、常中有变等，正好对应结构的层次律、衔接律和变化律。但中小学阶段对结构的鉴赏，主要是对段落、标题、顺序等要素的赏析。在阅读理解题型上，常体现为以下形式。

※ 请分析/品析选文第 × 段（在内容和结构上）的作用/妙处/表达效果。

※ 文章第 × 段的内容是否多余/可否删除，为什么/请阐述理由。

※ 选文第 × 段采用插叙/哪种记叙顺序/的说明顺序是什么？有什么好处/作用/请简要分析。

※ 选文第 ×、第 × 段能否调换顺序/位置？为什么/请说明理由。

※ 文章以 ×× 为题，有什么好处/妙处/作用/用意？请简要分析/简述理由。

※ 文章标题 ×× 能否改为 ××/改为 ×× 好不好？为什么/请说明理由。

在不同的学段、不同的文体中，段落、标题、顺序的考查占比和难度各不相同。学段越低，题型相对越简单，难度也就越小，比如只辨别不赏析，只分析不比较，或者命题有明确提示等。

段落赏析的角度包括语言、手法、内容、结构等，以内容、结构为主。日常的阅读赏析首先要明白不同文体、不同位置的段落的常见作用。相同文体不同位置的段落作用不同，不同文体相同位置的段落作用也不同。

例如，记叙性文本开头段、结尾段的作用。

开头段

内容上：开篇点题；概括内容；抒发感情；交代背景，渲染气氛，衬托心理，奠定基调。

结构上：总领全文；引起下文；照应标题；铺垫伏笔，设置悬念，吸引读者。

结尾段

内容上：概括内容；强化情感；点明或暗示中心（画龙点睛、卒章显志）；升华、深化主题；委婉含蓄，意犹未尽，发人深思。

结构上：总结上文、全文；照应开头、前文、标题；设置悬念，引发思考。

再如，议论性文本开头段、结尾段的作用。

开头段

引出（提出）论题、论点；作为论据论证论点，增强趣味性、权威性、说服力，便于理解。

结尾段

补充论证，使论据多元丰富、论述充分全面、论点深化；提出问题，发人深思；发出号召，提出希望；总结、照应；使结构严谨、完整等。

其次，要结合文本具体分析。需要注意的是，段落赏析常会涉及环境描写、关联情节、插叙等。所以，还要掌握环境描写的作用、情节作用和插叙作用。另外，相对于说明性、议论性文本，记叙性文本的段落赏析难度更大，可能会同时有多个角度，多个作用。家长在引导孩子鉴赏时，可以根据不同的学段、不同文体，提出不同的鉴赏要求。

标题鉴赏就是对标题作用、妙处的鉴别和分析。因文体不同，其赏析的侧重点也会有所不同。但无论哪种文体，标题的作用基本相似。所以，阅读鉴赏时首要记住标题的常见作用，然后结合具体文本分析即可。例如，标题内容上的作用：交代对象、环境等；总括内容；表达情感，奠定感情基调；点明或暗示主旨；富有意蕴，引人深思。形式上的作用：新颖奇特，吸引读者；设置悬念，激发阅读兴趣；运用修辞，生动形象；标明线索。对标题作用的掌握，并不是为鉴赏时死板地硬套，而是便于鉴别赏析角度，更精准地结合内容分析。

文章结构本质上是解决言之有序的问题。顺序清是思维顺、思路明的外在表现。比如，记叙性文本的顺叙，说明性、议论性文本的逻辑顺序等。当然，作者为结构及表达需要，还会经常使用插叙、倒叙和补叙。读者的鉴赏就是要鉴别顺序类型、分析使用方法、赏评使用效果。

家长要引导孩子鉴赏顺序。首先，要确保孩子充分了解各种顺序；其次，要让孩子明白不同顺序的使用效果，即顺序的作用。例如，插叙作用：交代内容；概括内容；充实、丰富内容；补充说明、解释原因；突出形象（性格）；突出、深化主题；使情节曲折、富于变化；推动情节发展、铺垫下文、照应上文。顺叙作用：内容明晰，条理清楚；秩序井然，脉络分明；中心明确。需要指出的是，顺序鉴赏常会结合段落作用、情节作用等进行。

除常见的段落、标题、顺序鉴赏，还可以对文本的结构方式、层次、线索等进行鉴赏。当然，鉴赏并不一定都要鉴别、赏析和评价，有的可能不用鉴别，有的可能不需要评价。至于需要哪些操作环节，可根据文体、学段及需求而定。

（三）手法鉴赏，品析技法之妙。技法鉴赏是形式鉴赏的重点，主要包括表达方式、修辞手法、表现手法、结构手法，以及由表达方式延伸出来的具体方法，如描写方法、说明方法、论证方法等。从阅读理解的命题来看，技法鉴赏既有单独考查，也有融合在语言、结构、材料鉴赏中考查。二者的区别是，前者是以语言、结构、材料为依托的技法运用效果，后者是以技法为手段的语言表达和谋篇布局效果。两者考查对象、目标的侧重点不同。

这里的技法鉴赏主要是从手法运用本身的角度进行分析。在阅读理解题型上，常体现为以下形式。

※ 本文（选文）/第×段/画线句子/下列句子/（主要）运用了/哪些/哪种（人物）描写方法/表达方式/表现手法/修辞手法/说明方法/论证方法？有什么作用/表达作用/表达效果？试分析其作用/举例说明。

※ 本文（选文）/第×段综合/（主要）运用了什么/哪些/哪种写作手法/艺术手法，有何好处/妙处/作用/表达效果/艺术效果？试进行赏析/分析。

以上两种题型基本代表了技法赏析的两个层次：具体的技法赏析，常会明确技法鉴赏的角度及具体手法；不指明技法鉴赏角度和具体手法，只提示对表达技巧、写作手法、艺术手法等进行赏析。日常的自由阅读，既没有给定的鉴赏角度，也没有指明具体的手法，完全需要读者根据文本进行鉴别和判定。

因此，孩子日常阅读中的技法鉴赏需要做到以下三点。

一是了解技法的分类及具体手法的归属和定义，即谁与谁并列，都包括哪些手法，各手法具体是什么。例如，孩子要知道写作手法包括表达方式、修辞手法、表现手法等；要明白修辞手法包括比喻、拟人、引用、排比，结构手法包括铺垫、伏笔、照应等；还要清楚各种手法的定义，以便于能够准确鉴别。

二是要掌握各种具体手法的作用，即明白各种手法的表达效果。例如，排比的作用是增强语势、说服力、感染力、节奏感、条理性，使内容集中；对比的作用是凸显矛盾，突出特征，强化情感，引发思考，使主题鲜明，增强感染力；照应的作用是使内容完整，前后勾连、结构严谨，突出中心、深化主题，引起共鸣。

三是了解各种手法运用的原理。也即说，要懂得手法是怎样运用和如何表现的。例如，比喻的原理是通过相似关联，将抽象、深奥、生疏的事物、情境，形象化、浅显化、熟悉化，以便达到生动形象、浅显易懂的效果。通常是将什么比作什么，以便表现什么特点，表达什么情感。再如，对比论证是基于事物之间不同或相反的关联，通过横向、纵向或横纵角度，将事物、观点等进行对比，以突出强调某观点，使论证更有力，读者印象更深刻。

由于写作手法较多，家长可引导孩子了解常用的主要手法。

例如，比喻、拟人、引用、排比、夸张等修辞手法；对比、衬托、象征、借景抒情、欲扬先抑、动静结合、虚实结合等表现手法；铺垫、伏笔、照应、过渡等结构手法；动作描写、神态描写、语言描写、心理描写、外貌描写等人物描写方法；列数字、举例子、作比较、打比方、引资料、分类别等说明方法；举例论证、道理论证、对比论证、比喻论证、引用论证等论证方法。

技法相对比较抽象，鉴赏起来有一定难度。家长在引导孩子阅读时，不要操之过急，要求设定过高。低年级段的孩子，只需能鉴别出几种常用的修辞手法即可；中年级段的孩子，可适量增加修辞手法、描写方法、说明方法的鉴别，同时适度进行修辞手法的简单赏析；高年级段的孩子，可增加对几个常用表现手法、结构手法的鉴别，以及对修辞手法、描写方法的赏析；初中段的孩子，则需要对上面提到的各种常用手法，做到准确鉴别、多元赏析和客观评价。鉴于小学升入初中后，很多孩子的理解鉴赏能力呈现脱节现象，家长也可根据孩子的阅读能力发展情况，适度提前培养孩子的技法鉴赏意识和能力。

二、内容鉴赏，透析材料之妙用

内容鉴赏主要是对材料要素的鉴别、赏析和评价。材料即文本中的人、事（情节）、景、物、情、理等。鉴赏就是对其形象及其作用进行分析探究。

孩子读完一本书或一篇文章，经常会被家长问："说说某某是一个怎样的人""想想作者为什么要写这个人""为什么要安排这一景物""为什么要设置这个情节"等。从表面上看，这是对原因的阐释性理解，实则更倾向于对材料好处、作用、意义的鉴赏评价，即考查材料的"效果如何"及"如何表现"的。

材料不同、角度不同、与主题的关系不同，其作用也各不相同。对材料的鉴赏，一方面需要孩子厘清材料与材料、材料与主题、材料与结构之间的关系；另一方面需要孩子了解作者的写作目的及选材安排意图。由此可见，材料鉴赏对孩子的能力要求较高，需要家长投入更多关注。

（一）人物鉴赏，读懂人物。人物是作者的精神投射和情感灌注，是作者的代言人和传话者。对文本人物形象的解读，也就是对作者塑造目的、意图的探究：作者要塑造一个怎样的人，为什么要塑造这个人。人物鉴赏是材料鉴赏的重要内容，有人物形象赏析、次要人物作用、主人公辨析三种形式，尤以人物形象赏析最为常见。在阅读理解题型上，常体现为以下形式。

※ 文中 ×× 是一个怎样的人 / 请结合内容 / 第 × 段（简要）概括 / 简述 / 分析 ×× 的形象 / 性格 / 特点 / 品质。

※ ×× 在文中起什么作用 / 塑造 ×× 这个形象有何用意 / 意义 / 请结合全文简要分析。

※ 这篇文章的主人公是谁/说说你的理由/理解。

人物形象由外在和内在两部分组成，外在指人物的外貌特点、身份、地位等，内在指人物的性格、品质等。从题型中可以发现，有的只需用关键词概括人物形象即可，不要求展开分析；有的则要求结合具体内容赏析人物形象；也有的需要在解读人物形象的基础上，分析形象塑造的意义；还有的需要先鉴别主人公，再说明判定理由。虽然以上题型在自由阅读中并不存在，却是孩子们鉴赏人物的3个抓手。

“四角度，两注意”，有效引导孩子赏析。家长可从以下4个角度引导：一是赏析描写人物动作、语言、心理、神态、外貌的句子，体会人物的外在特点、内在性格及精神品质；二是揣摩自然和社会环境描写的句子，感受特定环境下的人物心理、思想；三是分析情节的发展及事件、片段，解读事件中的人物价值取向、性格品质；四是抓住与人物有关的叙述、抒情、议论句，寻找作者或他人对人物介绍、感悟或评价的关键词。

同时，还需要“两注意”：一是注意小说人物塑造的典型性和立体化，散文形象塑造的集中性和抒情性；二是注意小说中人物形象的复杂性、多变性和发展性，分析鉴赏做到全面、不遗漏。

厘清关系，分析人物作用。在作者眼中，无论是主要人物还是次要人物，都有存在的意义。尤其是次要人物，常是作者精心安排的，意义不容忽视。分析次要人物作用，常从以下3个角度入手。

与材料的关系

与主要人物有关，从侧面衬托主要人物，或与其言行形成对比，突出主要人物；与文章情节有关，起到引出主要人物、推动情节发展、丰富文章内容等作用；与环境有关，其行为暗示或营设环境、渲染氛围、奠定情感基调。

与线索等的关系

人物即线索，贯穿故事始终，使文章结构严谨；如果次要人物是“我”，那就既要考虑其本身作用，还要看是不是事件参与者（见证者、叙述者），使故事真实可信。

与主题的关系

有利于更好表现主题；起到深化主旨、升华主题的作用。

抓住方法，判定主次人物。孩子们在阅读中经常会疑惑到底谁才是主人公。所谓主人公，就是文本的主角、中心人物，即作者集中刻画的人物。通常情况下，对主人公的鉴别、判定，有以下3个角度：一是正面积极、突出主题的人物；二是承载矛盾冲突、情节围绕展开、贯穿全文的人物；三是作者全面、集中、着力描写表现的人物。当然，对于结构、内容复杂的文本，主人公也并不一定就是一个人。例如，《西游记》的主人公既可以说是唐僧，也可以说是孙悟空，还可以说两人都是主人公。到底谁是主人公，只要判定有据，阐释合理，能够自圆其说即可。

（二）景物鉴赏，尝试与它们对话。在作者笔下，不仅没有多余的人物，也没有无关的景物。你觉得不起眼的一景一物，都各自扮演着不可替代的角色。在阅读中，应尝试着与它们对话，去探究景物背后的奥妙。在阅读理解考查中，景物鉴赏包括对文中景（环境）和物的鉴赏评价，题型主要体现为考查环境（景物）作用、物的作用，常见以下两种形式。

※ 简析文中第 × 段环境（景物）描写的作用/好处。

※ 文中（多处/第 × 段）提到/写到/出现 ××（物），有什么（哪些）作用/好处/用意？请简要分析。

对景物的鉴赏，首先要了解环境（景）、物的常见作用。

环境作用

自身角度：交代背景；交代时间、地点；营造氛围，渲染气氛。

人物角度：体现身份、地位；抒发情感，奠定基调；烘托心理，反映性格，突出形象；暗示人物命运。

结构角度：作为文章线索；为故事做铺垫、埋伏笔；(开头处) 引出下文，(结尾处) 照应前文或开头。

情节/主题角度：暗示或推动情节发展；揭示、深化主题。

物的作用

自身角度：事件组成部分，丰富内容；情感载体；象征意义。

人/物角度：交代身份、地位；表现特点、性格、心理，突出形象；与 ×× 形成对比，侧面表现或衬托 ××；暗示人物命运。

结构角度：作为线索，串联情节；为下文做铺垫；照应，使结构严谨。

情节/主题角度：暗示、推动情节发展，使情节曲折；借其表现主题；深化、升华主题。

其次，对景物的鉴赏要结合文本确定赏析角度。最后，分析景物在特定语境下的作用。在诗词鉴赏中，意象、意境是物、景与情感交融的结果。对意象的鉴赏，需要了解常见意象的寓意。例如，浮萍有漂泊、孤寂之意，流水有时光流逝、岁月短暂之意，杜鹃则有悲凄、思归之意，等等。对意境的鉴赏需要立足诗词之景，探究其蕴含的情感和理趣。

（三）事件鉴赏，领略刻意的精彩。事件鉴赏就是对文本中事件及情节的赏析评价。很多时候，读者觉得与主题无关，或多余、不合情理的事件、情节，恰恰是作者有意为之，甚至是精心设计的。它们在内容和结构上往往起着你意想不到的作用。在阅读理解考查上，常体现为以下题型。

※ 文章开头 / 第 × 段设置 / 写 ×× 情节（事）/ 安排结局 / 是否合理 / 有什么作用 / 妙处 / 用意 / 目的？请简要分析 / 说明理由。

※ 本文题为 ××，作者为什么写和 ×× 无关的事？请结合文章简要分析。

事件与情节的鉴赏常会涉及段落和插叙，但这里侧重对材料选用和设置的赏析。或者说，读者要赏析的是作者设置某件事、某个情节的用意。尽管事件、情节不同，其作用也会有区别，但作者对事件、情节的精心设计，都是遵循一定写作规则的。所以，了解作者所依循的事件、情节本身作用，就显得尤为重要。

情节 / 事件作用

内容上：交代原因或活动背景；对比或烘托，塑造形象；使故事真实、内容完整丰富、情节紧凑；抒发或升华情感；表现 / 暗示主旨或深化主题；出人意料，回味无穷，引人思考。

形式上：推动故事发展；铺垫或伏笔，制造悬念，吸引读者；前后照应或照应前文；使情节曲折起伏。

以上事件、情节作用，多适用于记叙性或文学类文本。在议论性文本中，代表性事例、概括性事实、亲身经历、可靠史实、寓言故事等事件、情节，又有着特别的作用。例如，作为论据直接论证观点，或者引出论题、论点、论证，再或者增添文章趣味性，激发读者阅读兴趣等。总之，无论哪种文本，只有先熟悉事件、情节本身的作用，才能精准确定赏析角度，而后才能结合内容和结构分析事件或情节的作用。

第六节　迁移力，阅读能力的终极目标

迁移能力是阅读能力培养的终极目标。迁移不仅是有效阅读的标志，还是提高阅读效率的重要途径。迁移能力是读者通过对文本内容、形式的把握，将文本的知识、技能、情志等进行迁移，对新知识和现象进行阐释性解读，或处理生活中相关问题的能力。这种能力也称迁移性理解力，是阅读理解能力体系中最高阶的思维和操作能力。

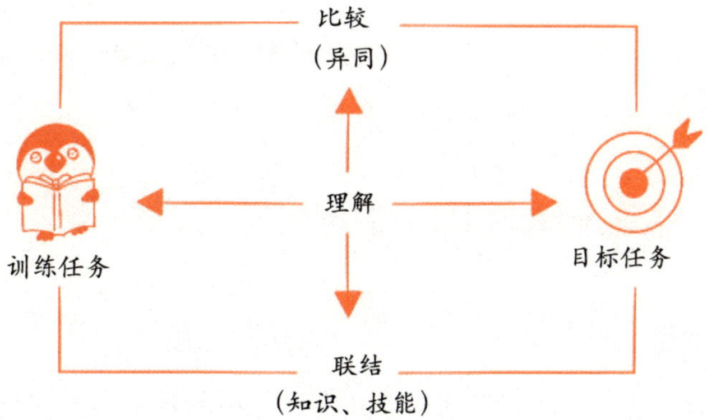

图 39　阅读迁移的过程

在阅读理解中，迁移能力侧重文本中表现技法、观点理念的迁移运用及创造性解读，主要体现为关联阐释、迁移运用两类题型。相对于记叙性文本，说明性和议论性文本对迁移能力的考查实用性更强。对迁移能力的考查，在中年级段虽占比较低，但随着学段上升呈上升趋势。

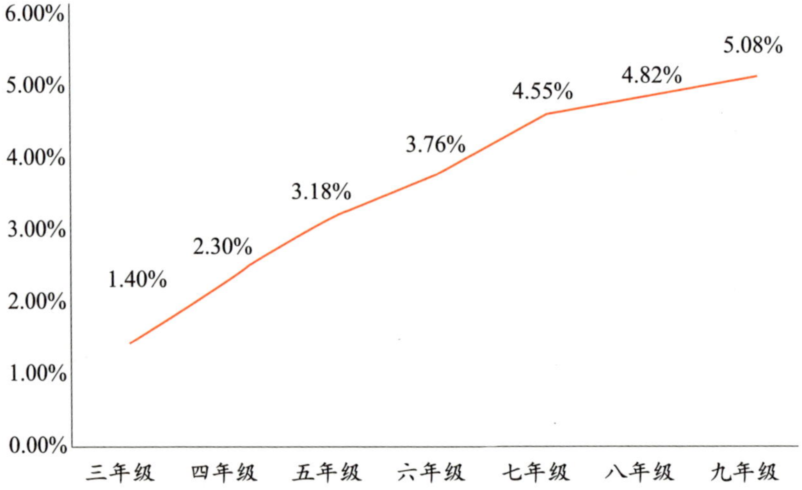

图 40　各年级记叙性文本迁移能力考查占比

一、关联阐释，以知识服务知识

阅读也一样，无论是学习阅读，还是从阅读中学习，都需要进行知识、能力、情志的迁移。其中，利用旧知阐释新知是迁移运用的一个重要体现。

在中小学生读史风盛行时，芜湖的刘女士也不甘落后，第一时间入手《史记》《古文观止》《资治通鉴》等，并给三年级的孩子买了《少年读〈史记〉》《少年读〈古文观止〉》《少年读〈资治通鉴〉》，希望和孩子一起接受历史的熏陶。结果，孩子读起来觉得晦涩，完全没了兴趣。为此，刘女士犯了愁。

我为她推荐了《半小时漫画中国史》《如果历史是一群喵》《趣说中国史》系列。一年半后，她给我留言说，孩子现在对历史很感兴趣，主动读起了《少年读〈史记〉》，而且还时常翻看原著，喜欢和同学讨论。刘女士觉得，是我的推荐让孩子爱上了读史，故再三感谢。实际上，是孩子先接触了简单、有趣、有料的历史知识，而后能自主借助旧知阐释、理解和发展新知，收获了阅读体验和价值，进而对更多、更深的历史书产生兴趣。

案例中，从读《半小时漫画中国史》到读《少年读〈史记〉》，再到参考原版《史记》，既是图书配伍的关联性、梯度化体现，也是以知识阐释知识、补充知识的过程。在阅读理解中，关联阐释体现为以下题型。

※ 阅读/结合选文，联系自身经历/生活现象/生活实际/生活体验/链接材料，谈谈你对这句话/材料/现象的感想/感悟/认识/看法/理解/体会。

※ 请从情感 / 内容 / 写作意图 / 修辞 / 描写 / 写法 / 表达效果 / 语言特色上，比较本文 / 第 × 段与链接材料有什么不同？

※ 文中的“×”让你联想到了哪个（类似的）人 / 事 / 物？请举一例，加以表述 / 阐述理由 / 说说为什么。

由以上题型看出，关联阐释就是用文本知识去解释生活或链接材料中的现象。这种阐释既是对知识的检验，也是对知识的强化，同时还可以充实、完善甚至发展新知识。

关联阐释能否达成，涉及两个重要策略：比较和关联。教育家康妮·斯科尔斯·韦斯特说：“比较是一种确定事物之间异同的方法，是一种认知过程。”这里，我更倾向将其视为一种阅读策略。在阅读过程中，有比较才有鉴别，也才能发现异同。可以说，比较是深化思维、提升阅读品质的重要手段。

例如，“请从情感 / 内容 / 写作意图 / 修辞 / 描写 / 写法 / 表达效果 / 语言特色上，比较本文 / 第 × 段与链接材料有什么不同”，是典型的比较题。题型中出现的仅是文本与链接材料间常考的比较角度。在日常阅读中，比较既可以是文本内部的，也可以是文本与文本之间的，还可以是文本与社会生活之间的；既可以从材料、主题的内容角度比较，也可以从语言、结构、手法的形式角度比较；既可以寻找相同，也可以对比不同。对于关联阐释来说，只有比较出相同或相似，才可进行迁移，进而阐释。

迁移就是从一个情境迁移到另一个情境。情境间的顺利迁移，发现相同或相似是基础，有效关联才是关键。首先，有效的关联是读者对新旧知识本质的理解，尤其是对训练任务知识的有效提取；

其次，有效的关联是对训练任务与目标任务之间关联性的理解。对以上两者的理解越深刻，越能够建立精准关联，也就越能够准确阐释。

例一：阅读链接材料，根据上述资料内容（注：省略）回答问题。

由于学习紧张，小张同学有好长一段时间没有进行锻炼了，星期日突然打了一场篮球，结果第二天就浑身肌肉酸痛。

小张第二天浑身肌肉酸痛的原因是什么？

例二：小刚和小林策划毕业后去沙漠旅行，为防被困，特意准备了一部装有北斗导航系统的智能手机。

请你调用材料二（注：省略）提供的相关信息，解释他们将手机装上北斗导航系统的原因。

例一、例二都需要读者根据训练任务中的知识，去阐释目标任务中的现象。这就需要读者在理解目标任务中现象和训练任务中相关知识的基础上，从训练任务中提取整合有关“肌肉运动奥秘”“北斗实时广域精密定位优势”的知识，结合训练任务和目标任务的核心关联，准确、全面地解释生活现象。

以上案例提醒我们，阐释现象必须立足文本、必须以理解为基础、必须发现内在关联。除以上 3 个“必须”外，读者的提取概括能力、表达解说能力，也直接关系阐释得精准、全面、条理与否。现实阅读中，关联阐释除解释相关试题中的问题外，更多是对相关阅读、社会生活中知识和现象的解释。这种迁移显然不止限于知识，还会涉及能力和情志等。

二、迁移运用，以所学解决所事

曹宝龙教授指出，迁移是问题解决的核心，对提高解决问题的能力具有直接促进作用。迁移不仅能够阐释新知，更可以解决现实中的实际问题，尤其是基于能力的“怎么做”问题。

一位家长通过QQ号找到我，说孩子刚上初一，就买了我的《初中语文提分技巧创意公式法》和《作文有规律：我的初中创意写作课》，我马上回复她：孩子的阅读写作有什么问题，可随时给我留言。过了许久，她留言道：孩子背了答题模板和公式后，阅读理解还是不会答，能不能给些建议。我问她，作文书孩子看过了吗？又过许久，她的留言很委婉：我觉得书很好，但孩子就是静不下心去看。

经过交谈，我才知道，孩子小学的作文全靠套抄日常背诵的各类好句段。我告诉她，阅读理解的模板和公式不是用来套的，只是供参考的答题范式、方向、角度和顺序。孩子要先理解它，才能在阅读中熟练运用。作文也不能靠背诵和套用，孩子只有理解写作的知识、技能，才能真正会写。

案例中，孩子希望通过背诵来解决阅读和作文问题，可以说是对阅读迁移运用的实践。但问题出在，阅读写作属于智力行为，知识、技能的迁移运用，需要以理解为前提。我们知道，知识、技能的迁移有两种途径：一是以大量练习为基础的无意识、自动化迁移；二是以深度理解为基础的有意识、个性化迁移。很显然，前者是一种机械的低通路迁移，后者则属于智能的高通路迁移，而阅读写作的运用，正是理解促成的高通路迁移。

在阅读理解中，迁移运用体现为以下题型。

※ 结合文章内容/链接材料/自身体验/生活实际，谈谈如何才能××/就××提出几点建议/措施。

从阅读理解角度来看，迁移运用主要是借助文中信息去解决链接材料或现实中的问题。迁移运用中的“建议举措”与阐释性理解中的“行为措施”不同，前者是基于对训练任务的理解，立足的是链接材料、生活现象，侧重的是实际应用和问题解决，考查的是迁移运用能力；后者虽也基于文本理解，但侧重的是信息提取和推理，考查的是提取概括、推理分析能力。

有效迁移运用，精准把握文本信息，是解决问题的依据；结合材料、结合生活实际是解决问题的关键。如果对训练任务信息不能理解和提取，就无法针对目标任务提出措施和建议；如果对目标任务不能理解和联结，建议和措施就会缺乏适恰性、可行性。

例一，针对文本《路面上的新科技》解决以下问题。

某学校前的一条道路在雨天经常积水，学生们往返都必须穿上雨靴才能蹚过这条“河”。假如你是该学校的一名学生，你会向有关部门提出什么建议？请结合选文写一写。

作为小学语文中的一道迁移运用题，解答相对简单。孩子只需在理解文本的基础上，提取“多孔隙沥青透水路面”“能够吸纳回收雨水”“下雨时，这种路面不积水、不溅水”等信息，加以概括，而后结合学生身份及命题材料中的问题作答即可。

例二，某地发现了一个宋窑遗址，其中部分珍稀瓷器已经破碎。如何运用数字技术让这些瓷器完整地呈现在大众面前？请结合上述材料简要回答。

由试题可见，要解决的问题是“用数字技术恢复完整或破碎的宋窑瓷器”，具体措施需要在“材料三”“材料四”中提取。那就是“先用 3D 扫描仪采集数据，再在 3D 打印出的模型上制作好硅胶保护套，给文物穿上后再提取”“高光谱数据采集与分析的技术，来识别文物的物质构成”“运用扫描的三维数据，对缺失部分的结构进行三维重建，然后进行虚拟修复，再修复实物”。从提取概括到迁移运用，读者不仅要梳理措施，还要结合目标任务，理解和把握瓷器的修复流程。

阅读的最终目的在于解决问题，无论关联还是比较、提取还是概括，都要以理解为基础，只有对文本、关联的准确理解，知识和技能才能顺利迁移，也才能够实现阐释和运用。

【参考书目】

[美]斯蒂芬妮·哈维，安妮·古德维斯.上好一堂阅读课（第3版）[M].刘成盼，译.北京：北京科学技术出版社，2021.

[美]吉姆·崔利斯.朗读手册[M].陈冰，译.北京：新星出版社，2016.

[美]莫提默·J.艾德勒，查尔斯·范多伦.如何阅读一本书[M].郝明义，朱衣，译.北京：商务印书馆，2014.

[美]丹尼尔·T.威林厄姆.让孩子爱上阅读：父母和教师该怎么做[M].张庆宗，译.上海：华东师范大学出版社，2019.

[美]丹尼尔·T.威林厄姆.心智与阅读[M].梁海燕，译.杭州：浙江教育出版社，2020.

[美]彼得·孔普.如何高效阅读（纪念版）[M].张中良，译.北京：机械工业出版社，2017.

[美]唐娜琳·米勒.书语者：如何激发孩子的阅读潜能[M].关睿，石东，译.乌鲁木齐：新疆青少年出版社，2016.

[美]珍妮佛·塞拉瓦洛.美国学生阅读技能训练[M].刘静，高婧娴，译.北京：北京科学技术出版社，2021.

[美]莎拉·麦肯齐.如何阅读能让孩子受益一生：从朗读、亲子共读开始培养真正的阅读者[M].张恩泽，译.北京：北京科学技术出版社，2020.

[美]卡伦·坦珂斯莉.教会学生阅读：策略篇[M].王琼常，古永辉，译.北京：教育科学出版社，2008.

[美]艾瑞克·唐纳德·赫希.知识匮乏：缩小美国儿童令人震

惊的教育差距 [M]. 杨妮，译 . 福州：福建教育出版社，2017.

[美] 艾瑞克・唐纳德・赫希 . 知识为什么很重要：将孩子从失败的教育理论中拯救出来 [M]. 张荣伟，译 . 福州：福建教育出版社，2022.

[美] 苏珊・齐默尔曼，克莉丝・哈钦斯 . 阅读的 7 项核心技能 [M]. 李艳会，译 . 北京：北京科学技术出版社，2020.

[美] 温迪・威廉姆 . 读书，从小养成的习惯 [M]. 杜沐，译 . 北京：中国海关出版社，2004.

[美] 温迪・威廉姆 . 阅读的策略 [M]. 杜沐，译 . 南宁：广西人民出版社，2002.

[美] 马克・塞登伯格 . 如何阅读 [M]. 吴娜，李哲，周海鹏，译 . 杭州：浙江教育出版社，2022.

[英] 博比・尼特 . 阅读：阅读技巧指南 [M]. 贺微，张荣建，江地，译 . 重庆：重庆出版社，2004.

[美] 琳达・埃尔德，理查德・保罗 . 如何提问 [M]. 王晓红，译 . 北京：外语教学与研究出版社，2021.

[美] 琳达・埃尔德，理查德・保罗 . 什么是分析性思维 [M]. 丁怡萌，夏登山，译 . 北京：外语教学与研究出版社，2020.

[英] 爱丽森・戴维 . 帮助你的孩子爱上阅读 [M]. 宋苗，译 . 北京：北京联合出版公司，2016.

[英] 艾登・钱伯斯 . 打造儿童阅读环境 [M]. 许慧贞，译 . 北京：北京联合出版公司，2016.

[新西兰] 黛安娜・墨菲，詹姆士・墨菲 . 如何教学生阅读与思考：每位教师都需要的阅读训练手册 [M]. 彭相珍，译 . 北京：中国

青年出版社，2020.

[法] 斯坦尼斯拉斯 · 迪昂 . 脑与阅读 [M]. 周加仙，等译 . 杭州：浙江教育出版社，2018.

[韩] 金明美 . 小学阅读能力决定一生的成绩 [M]. 周尧，崔英兰，译 . 北京：中国传媒大学出版社，2011.

[韩] 金基龙 . 如何让孩子爱上阅读：28 天家庭阅读养成计划 [M]. 金青龙，译 . 北京：民主与建设出版社，2022.

[加] 阿德丽安 · 吉尔 . 阅读力：文学作品的阅读策略 [M]. 岳坤，译 . 南宁：接力出版社，2017.

[加] 阿德丽安 · 吉尔 . 阅读力：知识读物的阅读策略 [M]. 王威，译 . 南宁：接力出版社，2017.

[美] 萨莉 · 施威茨 . 聪明的笨小孩：如何帮助孩子克服阅读障碍 [M]. 刘丽，等译 . 北京：北京师范大学出版社，2019.

[美] 彼得 · C. 布朗，亨利 · L. 罗迪格三世，马克 · A. 麦克丹尼尔 . 认知天性：让学习轻而易举的心理学规律 [M]. 邓峰，译 . 北京：中信出版社，2018.

[美] 唐纳 · 威尔逊，马库斯 · 科尼尔斯 . 元认知学习：策略、活动与课例设计 [M]. 滕梅芳，沈宁，译 . 杭州：浙江教育出版社，2022.

[美] 安德斯 · 艾利克森，罗伯特 · 普尔 . 刻意练习：如何从新手到大师 [M]. 王正林，译 . 北京：机械工业出版社，2016.

[美] 维娜 · 艾莉 . 知识的进化 [M]. 刘民慧，等译 . 珠海：珠海出版社，1998.

[美] 戴维 · 温伯格 . 知识的边界 [M]. 胡泳，高美，译 . 太原：

山西人民出版社，2014.

[美] 斯蒂芬・克拉生，李思颖，刘英 . 自主阅读 [M]. 林俊宏，译 . 乌鲁木齐：新疆青少年出版社，2020.

[美] 斯蒂芬・克拉生 . 阅读的力量 [M]. 李玉梅，译 . 乌鲁木齐：新疆青少年出版社，2012.

[美] 戴维・保罗・奥苏贝尔 . 意义学习新论：获得与保持知识的认识观 [M]. 毛伟，译 . 杭州：浙江教育出版社，2018.

[英] 尼尔・麦考 . 如何阅读不同的文本（第二版）：学生阅读的方法与技巧指南 [M]. 苏新连，译 . 北京：商务印书馆，2017.

[美] 凯琳・比尔斯，罗伯特・E. 普罗布斯特 . 颠覆性思维：为什么我们的阅读方式很重要 [M]. 丁浩，译 . 北京：中国青年出版社，2020.

[美] 瑟珀拉・萨哈德奥・特纳，罗伯特・J. 马扎诺 . 加工新知：参与学习的方法 [M]. 于冬梅，译 . 郑州：大象出版社，2018.

[澳] 梅根・戴利 . 如何让孩子爱上阅读 [M]. 卫妮，译 . 北京：机械工业出版社，2021.

[日] 山中惠美子 . 小学生阅读高手 [M]. 富雁红，译 . 北京：北京联合出版公司，2022.

[日] 原尻淳一 . 高效能阅读 [M]. 程亮，译 . 南昌：江西人民出版社，2017.

[日] 藤原和博 . 如何有效阅读 [M]. 钟小源，译 . 北京：北京联合出版公司，2019.

[日] 斋藤孝 . 深阅读：信息爆炸时代我们如何读书 [M]. 程亮，译 . 南昌：江西人民出版社，2016.

[日]斋藤孝.阅读的力量[M].武继平，译.厦门：鹭江出版社，2016.

[日]大岩俊之.实用性阅读指南：把读到的知识转化为能力[M].陈怡萍，译.南昌：江西人民出版社，2017.

[日]桦泽紫苑.深阅读：过目不忘的读书法[M].张雷，译.北京：中国青年出版社，2016.

叶圣陶.好读书而求甚解：叶圣陶谈阅读[M].北京：开明出版社，2017.

朱永新.我的阅读观[M].北京：中国人民大学出版社，2011.

于漪.于漪全集[M].上海：上海教育出版社，2018.

温儒敏.温儒敏谈读书[M].北京：商务印书馆，2019.

曾祥芹.曾祥芹文选（中卷）：汉文阅读学研究[M].北京：高等教育出版社，2010.

王增奎，等.阅读策略与技巧[M].北京：中国大百科全书出版社，1993.

顾晓鸣.阅读的战略[M].上海：上海人民出版社，1985.

阎增山.阅读学论纲[M].北京：中国文联出版社，2000.

孙芳.阅读学习论[M].北京：语文出版社，2012.

阎国利，吕勇.阅读策略[M].天津：百花文艺出版社，2001.

丁晓良.语文阅读策略与教学[M].苏州：苏州大学出版社，2003.

聂震宁.阅读力决定学习力：提高阅读力的11堂课[M].北京：现代教育出版社，2020.

张晨晖，赵芝萍.培养自主阅读者：整本书阅读的区域实践研

究 [M]. 南京：江苏人民出版社，2020.

曹宝龙 . 学习与迁移 [M]. 杭州：浙江教育出版社，2019.

李洪祥 . 让阅读成为人生习惯：写给老师和家长朋友们 [M]. 北京：北京出版社，2017.

郑钢 . 怎样让学生爱上阅读：培养积极的终身阅读者 [M]. 上海：华东师范大学出版社，2019.

祝新华 . 促进学习的阅读评估 [M]. 北京：人民教育出版社，2015.

吴欣歆 . 培养真正的阅读者：整本书阅读之理论基础 [M]. 上海：上海教育出版社，2019.

郑文富 . 真实阅读理论与实践 [M]. 广州：广东高等教育出版社，2019.

周步新 . 小学阅读策略的学与教 [M]. 宁波：宁波出版社，2021.

谢美华，等 . 小学生阅读能力的认知诊断与提升策略研究 [M]. 北京：中国社会科学出版社，2022.

叶丽新 . 读写测评：理论与工具 [M]. 上海：上海教育出版社，2020.

杨清 . 小学生阅读能力评价 [M]. 北京：知识产权出版社，2021.

吕珈臻 . 小学语文阅读能力发展策略研究 [M]. 福州：海峡文艺出版社，2019.

教育部基础教育课程教材发展中心 . 小学生语文阅读能力评价・教师指导手册 [M]. 北京：朝华出版社，2004.

陈海燕 . 小学阅读力培养的实践性研究 [M]. 南昌：江西人民出版社，2018.

王晓平 . 小学阅读理解策略教学研究 [M]. 哈尔滨：黑龙江大学出版社，2009.

亲近母语研究院 . 亲近母语中文分级阅读标准 [M]. 天津：天津教育出版社，2021.

乔桂英 . 阅读学习方法指导学 [M]. 北京：中国书籍出版社，2007.

乔桂英 . 阅读方法指导论 [M]. 北京：语文出版社，2012.

白学军，等 . 阅读心理学 [M]. 上海：华东师范大学出版社，2017.

吴启主 . 汉语构件语篇学 [M]. 长沙：岳麓书社，2001.

樊登 . 读懂一本书：樊登读书法 [M]. 北京：中信出版社，2019.

杜晓新，冯震 . 元认知与学习策略 [M]. 北京：人民教育出版社，1999.

吴建平 . 超级学习：知识体系 [M]. 北京：台海出版社，2022.